Johann Julius Pred

Es geht nicht ohne Gott!

Wissen, Glaube und Vernunft,
und
die Zukunftsfrage

Bibliografische Information der Deutschen Nationalbibliothek: Die Deutsche Nationalbibliothek verzeichnet diese Publikation in der Deutschen Nationalbibliografie; detaillierte bibliografische Daten sind im Internet über dnb.d-nb.de abrufbar.

TWENTYSIX – der Self-Publishing Verlag
Eine Kooperation zwischen der Verlagsgruppe Random House GmbH und der Books on Demand GmbH

Herstellung und Verlag:
BoD – Books on Demand, Norderstedt
ISBN: 9783740772369

Inhaltsverzeichnis

Es geht nicht ohne Gott! 7
Ein Ja zum Leben ist auch ein Ja zur Erkenntnis 13
„Wisse die Wege“ 15
Die Sinnkrise 17
Visionen und Ideale 18
Adler, Heidegger und der rechte Weg 20
Erkenntnis und Reife 22
Unter Entwicklungsdruck 22
Die Ehrfurcht vor dem Leben – das Kriterium für gut und böse 23
Das Schöne als das Erstrebenswerte 24
Zur Selbstverwirklichung herausgefordert 25
Meditation – der Weg zum Reich des Geistes 27
Bewusst und vernünftig 29
Glaube und Vernunft 31
„Ohne Fleiß kein Preis“. Die Freiheit nach vorne 33
Zum Gelingen geführt 35
Frei, aber in bewahrendem Geleit 35
Religion und Glaubenswirklichkeit 39
Der Humanismus als Religionsersatz 42
Mythos und Realität 43
Lehrmeinung und Glaubenserfahrung 45
Der Heilbringer 46
Das Christentum 46
Das kommende Reich 48
Zur christlichen Mythologie und Heilserwartung 50
Der christliche Heilsweg 51
Glaubenserfahrung ist Lebenserfahrung 53
Wissen und Glauben 59
Karma und die Reinkarnation 62
Die aufsteigende Bewegung der Evolution 64
Mit der Schöpfung auf dem Wege 66
Anmerkungen 72

Wissen beruht auf Einsicht und Erkenntnis, der Glaube auf der Erfahrung des Uneinsehbaren.

Es geht nicht ohne Gott!

Das ist ein Aufruf zur Besinnung für unsere heutige Zeit. Wie ernsthaft dieser Aufruf gemeint ist, das betonte Papst Benedikt XVI. in seiner Predigt auf dem Islinger Feld in Regensburg. „Glaubt ihr nicht, so bleibt ihr nicht“ mahnt auch die Bibel (Jes. 7, 9). Wie die Bibel, so beruhen auch die heiligen Schriften anderer Religionen auf Lebens- und Glaubenserfahrung – selbst Urwaldmenschen vertrauen ihren überlieferten Glaubensvorstellungen.

Der religiöse Glaube hat über Jahrtausende zum Gelingen menschlichen Lebens und menschlicher Zivilisation beigetragen. Die Religion ist das Sammelbecken gespürter und sich ins Bewusstsein drängender Wirklichkeit und gleichzeitig auch der Rahmen und das Ausdrucksmittel dieser in uns angelegten gefühlsmäßigen Beziehung zu unserm Ursprung, zu Gott. Religion, das ist der uns in die Welt einbindende und einordnende Bezug, der alles Menschliche übersteigt und uns für unser Handeln und Verhalten vor dem Schöpfer der Welt verantwortlich macht. In diesem Bezug, auf die erste und letzte Wirklichkeit, gründet die Legitimation und die Kraft des Glaubens. Auf den Schöpfer ausgerichtet und die religiösen Weisungen beherzigend, eröffnet sich uns die Möglichkeit, der Schöpfung, uns selbst und unseren Mitmenschen gerecht zu werden. Entsprechend zeugen zwischenmenschliche Konflikte und kriegerische Auseinandersetzungen, wie auch der bedenkenlose Umgang mit der Schöpfung, vom Fehlen dieses orientierenden Bezuges den ein von der „Aufklärung“ in Frage gestellter und von den Wunderwerken der Technik überschatteter Glaube nicht mehr gewährleisten kann.

Dabei könnte uns gerade ein Glaube, der über uns hinaus, auf nicht manipulierbare Ziele und bleibende Werte verweist wieder Halt und Orientierung bieten. Jedoch rational unfasbare Glaubensbegründungen lassen bei vielen Menschen Skeptik aufkommen. Sie fragen sich ob die Religion mit ihren nicht nachvollziehbaren Aussagen überhaupt noch zeitgemäß ist. Aber auch die Vielfalt der in der Welt vertretenen religiösen Ansichten und unsere unmittelbare Nachbarschaft mit Menschen anderer religiöser Traditionen fordert uns geradezu heraus, unseren eigenen Glauben und auch den der Andersgläubigen zu hinterfragen. Es ist aber eine heikle Angelegenheit Religion und Glauben zu hinterfragen, ohne gleichzeitig auch alles was uns heilig ist in Frage zu stellen. Unterscheiden wir jedoch zwischen Göttlichem und Menschlichem, zwischen den ergründbaren Auswirkungen unseres religiösen Verhaltens und der unergründbaren Ewigkeit auf die wir damit reagieren, so können wir unbeschadet im Gauben an die Fragen, die Religion und Glauben aufwerfen herangehen. Denn das was unserem Verstand zugänglich ist, die Faktizität unseres Daseins, konfrontiert uns gerade mit dem wovor unser Verstand, überfordert, zu Demut rät. Mit dem Faktum der Ewigkeit des Seins.

Der Ernst, den wir den traditionellen religiösen Glaubensansichten schulden, ist uns heute weitgehend verloren gegangen. Im Bilde unserer computervernetzten, auf technischen Fortschritt und auf Funktionieren und Machbarkeit angewiesenen Industriegesellschaft erscheinen Religiosität und religiöses Verhalten als Relikte vergangener, nicht wiederkehrender Zeiten. Aber genauer betrachtet erweisen sich diese menschlichen Eigenschaften als ebenso unverzichtbar für unser Leben wie Wissen und logisches Denken, denn sind wir mit unserem Wissen am Ende, so kann uns nur noch der Glaube weiterhelfen. Wie bald wir mit unserem Wissen am Ende sind wird deutlich wenn wir, angesichts der Unermesslich- und Unergründbarkeit dieser Welt die unser zu Hause ist, nach dem Sinn unseres mit ihr verquickten Daseins und Lebens fragen. Hier versagt unser Wissen, nicht aber die Religion. Als Bezug zu der Ewigkeit, in die unsere Zeitlichkeit eingebettet ist und der wir uns nicht verweigern können wenn sie uns einholt, spannt der religiöse Glaube unser Leben in den Rahmen der ewigen Wirklichkeit. Damit aber sind wir der Beliebigkeit entrissen, denn ausgerichtet auf die Ewigkeit in die wir am Ende unseres Lebens eingehen erhält unser Leben ein Ziel und im Anstreben dieses mit Erwartungen verbundenen Zieles auch einen Sinn.

Dank ihrer religiösen Veranlagung waren die Menschen nie nur auf ihr Gutdünken angewiesen, sondern konnten sich, immer auch von religiösen Gefühlen und religiösem Wissen leiten lassen und dadurch auch zu einem annähernd daseins- und lebensgerechten Handeln und Verhalten finden. Dieses den Willen Gottes und die Welt deutende Wissen, das auf der in Jahrtausenden gesammelten religiösen Erfahrung beruht, verweist die Menschen auf Jenseitswelten und ein ewiges Leben. Indem nun die Religion die Menschen auf die Ewigkeit ausrichtet und ihr Handeln und Verhalten am göttlichen Willen misst, fördert und mehrt sie auch alle zeitlos gültigen Wertvorstellungen, Verhaltensweisen und Eigenschaften der Menschen und schafft damit die grundlegenden Voraussetzungen für ihre zivilisatorische Entwicklung.

Die Religion hat aber nicht immer nur zum Heil, sondern all zu oft auch zum Unheil beigetragen. Davon zeugen die Schrecklichkeiten, die im Namen der Götter und Gottes begangenen wurden, sowie die im Namen Gottes geführten Kriege, wie auch die immer wieder zu beklagende religiöse Intoleranz und Gewaltbereitschaft. Doch selbst wenn wir auch diese negativen Aspekte der Religion mit in Betracht ziehen, so waren und bleiben, wie bisher dargestellt und noch aufgezeigt wird, die ausschlaggebenden Auswirkungen der Religiosität und des religiösen Lebens dennoch arterhaltend. Damit erweist sich die Religion als evolutionsbiologisch sinnvoll.

Auf dieses Bewahrende, auf die Wirklichkeit und Wahrheit die uns vermittels der Religion zuteil wird, verweist der Psalmvers 105 aus Psalm 119: „Dein Wort ist meines Fußes Leuchte und ein Licht auf meinem Wege." Diese Glaubensbekundung des Psalmschreibers drückt die Erfahrung des Geführtwerdens aus und die Gewissheit, in dieser unendlichen und unüberschaubaren Welt, nicht zufallhaftem Schicksal überlassen zu sein. Grundsätzlich sind wir auch heute nicht abgeneigt uns führen zu lassen; z.B. bei gefährlichen Bergwanderungen, wie auch durch eine Ausstellung, oder zu den Sehenswürdigkeiten einer fremden Stadt. Wenn es aber darum geht religiösen Weisungen folgend uns göttlicher Führung anzuvertrauen, dann ist unsere Einsicht überfordert. Uns mangelt die Glaubenserfahrung, verhindert vom Zweifel an unseren Glaubensvorstellungen. Ja, manchmal haben wir auch den Eindruck, wir kommen in unserer modernen Welt ganz gut auch ohne Gottesglauben aus. Doch der auf einer atheistisch-materialistischen Weltsicht beruhende Eindruck täuscht. Denn der Wohlstand den wir der wissenschaftlich-technischen Entwicklung zu verdanken haben bleibt für viele Menschen unerreichbar. Und auch die Hoffnung der technische Fortschritt könnte einmal allen Menschen zu einem besseren Leben verhelfen, wird von der zunehmenden Umweltbelastung und sich anbahnenden Umweltkatastrophen zunichte gemacht.

Die sich hier andeutende Ausweglosigkeit ist aber nicht auf die, uns gute Dienste leistende Technik, sondern auf die Unzulänglichkeit unseres engen und einseitigen, an seine Grenzen stoßenden, materialistsch-mechanistisch geprägten Denkens, Wissens und Könnens zurückzuführen. Es geht heute also darum von dieser Denkweise, die die geistige Wirklichkeit ausblendet und darum zum versagen verurteilt ist, wegzukommen und zu einem für alle Lebenserfahrungen offenen Wissen und Praktizieren zu gelangen. Und es geht auch darum, unsere Selbstbezogenheit und „Seinsvergessenheit" (M. Heidegger) zu überwinden und den Bezug zum Sein und den Zuspruch des Seins zu finden. Also daseinsgerecht, harmonisch integriert in das die Erde umschließende Ökosystem zu leben und bei unserer Selbsteinschätzung nicht zu vergessen, dass wir mit allem Seienden bedingungslos im dynamischen Weltganzen eingebunden sind.

Wir befinden uns aber nicht nur im Bezug zum weltlichen, sondern auch zum göttlichen Sein. Die Religion lehrt uns nicht nur mit der materiellen, sondern auch mit der geistigen Wirklichkeit dieser Welt zu rechnen, wie sie in uns Menschen, als mit Geistes- und Willenskraft ausgestatteten Wesen, zum Ausdruck kommt. Unser Körper ist der Beweis dafür, dass die materielle Wirklichkeit und die physikalischen Gesetze dem Walten der geistigen Wirklichkeit, des Bewusstseins und des Willens nicht widersprechen, sondern dieses erst ermöglichen. Auf das geistige Reich (Gott ist Geist, Joh. 4, 24) verweisend ermahnen uns die religiösen Lehren dem göttlichen Willen, der in der Liebe seine Erfüllung findet, durch ein achtsam-liebevolles Miteinander, gerecht zu werden. Denn „Gott ist Liebe; und wer in der Liebe bleibt, der bleibt in Gott und Gott in ihm“ (1 Joh. 4, 16). In der Liebe offenbart sich das Wesens des göttlichen Geistes. Sie ist der Ausdruck und die Manifestation seines auf- und erbauenden Wirkprinzips.

Unsere Bemühungen die religiösen Weisungen zu befolgen, das Gute zu tun und das Böse zu meiden, machen uns selbst besser. Besser zu werden ist aber nicht nur eine Voraussetzung um in den Himmel zu kommen, sondern auch dafür, dass wir auch hier auf Erden miteinander gut auskommen. Der Volksmund weiß: „Es gibt nichts Gutes, denn man tut es.“ Der Weg zum Himmelreich und auch zu einer besseren Welt, mit guten Chancen für ein gelingendes Leben, beginnt bei der persönlichen Entwicklung zum Besseren. Uns voranschreitend sind die großen religiösen Vorbilder diesen Weg gegangen. Es ist der Weg, auf dem der am Willen des Schöpfers reifende Geist auch zum Herrn des ihn beherbergenden Körpers heranreift. Die erforderliche geistige Reife mit uns selbst, mit unserem geistig-körperhaften Wesen klar zu kommen, versetzt uns in die Lage auch mit unseren Mitmenschen und der Welt klar zu kommen. Was die Gläubigen schon immer getan haben, den Vorbildern ihrer religiösen Tradition zu folgen, hat bis heute zum Wohlergehen unserer Art beigetragen.

Wie unterschiedlich die Glaubenstraditionen und wie verschieden Glaubensansichten auch sind, sie kreisen allesamt um die gleiche Wahrheit und versuchen diese von der jeweils eigenen Lebens- und Glaubenserfahrung herzuleiten, und darauf ihr Gottvertrauen aufzubauen. Doch die uns allein aus der religiösen Tradition erwachsene Glaubenswahrheit und Glaubensüberzeugung ist für gewöhnlich zu schwach um uns zu einem tragfähigen Glauben zu verhelfen. Hierzu bedürfen wir auch der unmittelbaren Glaubenserfahrung, der sowohl kollektive als auch individuelle Erlebnisse zu Grunde liegen können. Das nachhaltigste und in allen Glaubensgemeinschaften bekannte religiöse Erlebnis ist die unmittelbare Erfahrung der Verschmelzung mit dem All-einen, Absoluten und Ganzen, des Aufgehens des eigenen Selbst im Göttlichen. Dieses Erlebnis, die Erfahrung der mystischen Vereinigung, durch meditative Praktiken erweist sich als „die zukünftige Religion überhaupt“ (D. Sölle). Diese, den Anhängern aller Glaubensrichtungen gemeinsame, unmittelbare Erfahrung ist die Grundlage des Zusammenfindens der Religionen und damit die Voraussetzung für eine bessere Völkerverständigung und mehr Frieden.

Als Kinder einer unüberschaubaren Welt wären wir ohne unsere religiöse Veranlagung zum Irren und Scheitern verurteilt. Doch dank dieser Veranlagung, die sich vermittels der Religion orientierend und zum Gelingen des Lebens beitragend auswirkt, bleibt unsere Art auch künftighin auf der Erfolgsspur. Die Religion ist die sichere Hand, die uns – die wir von den Lebensumständen in steigendem Maße zu geistiger Aktivität herausgefordert sind – wie vorbestimmt (weil vom Schöpfer nach seinem Bilde erschaffen), auf dem Weg der Entwicklung zur Ebenbildlichkeit führt.

Einsehend, dass der Glaube für uns Meschen wichtig und unverzichtbar ist, und dass Wissen und Glauben sich nicht ausschließen, sondern ergänzen, kann es nur ein Zeichen von Vernünftigkeit sein, neben dem Wissen, auch die Glaubenserfahrung zu suchen und die Erfahrung zu machen: es geht uns nicht besser ohne, sondern mit Gott.

Die Religion und die religiöse Erfahrung verweisen uns auf eine geistige Wirklichkeit. Diese zu ignorieren weil sie schwer vorstellbar, nicht zu (be)greifen, ist und uns nur auf ihre handhabbare materielle Erscheinungsform zu konzentrieren, diese Einseitigkeit, ist der eigentliche Grund der Probleme die uns heute bedrängen. Die Zukunfts-(Überlebens)frage ist unlösbar mit dem Einsehen verbunden, dass die Realität, die Wirklichkeit, unteilbar geistig-materiell ist, und die Welt in der wir leben, unser Universum, ein zusammenhängendes und sich in einem Entwicklungsprozess befindendes Ganzes. Aus Ganzheitlicher Sicht, im Rahmen dieses Ganzen betrachtet, wird erkennbar welche Wege, über den Tag hinaus, in die Zukunft führen.

Ein Ja zum Leben ist auch ein Ja zur Erkenntnis.

Die Nachkriegsgenerationen haben einen kaum noch zu überbietenden wissenschaftlich-technischen Fortschritt und die damit einhergehende wirtschaftliche und sozialkulturelle Entwicklung, aber auch die wachsende Religionsskeptik, miterlebt. Trotz des errungenen Wohlstandes sind wir im Leben auch widrigen Umständen ausgesetzt und stehen dann oftmals, mit einem fragwürdig gewordenen Glauben, sprichwörtlich gottverlassen, orientierungs- und haltlos da.

Im Auf und Ab des Lebens und angesichts seiner Begrenztheit bietet der religiöse Glaube seit Jahrtausenden, über uns hinausweisend, einen Bezugspunkt für Halt und Orientierung Suchende. Die Religionen beantworteten seit eh und je die Sinn- und Ethikfragen, die Fragen nach unserem Woher und Wohin und nach dem was gut und was böse ist. Die große Mehrheit der Menschen ist, nach wie vor, religiös motivierbar und das Thema Religion ist auch heute, trotz aller wissenschaftlichen Erkenntnis und aller technischen und soziokulturellen Errungenschaften, immer noch hoch aktuell. Die zahlreichen religiösen Events, wie auch die gewalttätigen religiösen Auseinandersetzungen, führen uns diese Tatsache immer wieder vor Augen.

Wir müssen uns also ernstlich fragen: Worin gründen und wie verlässlich sind die religiösen Wahrheitsansprüche und wie verlässlich ist unser heutiges Weltbild, das der geistigen Wirklichkeit, der die Religion Ausdruck verleiht, nicht gerecht wird? In wieweit können wir also der Wissenschaft vertrauen und in wieweit unserem Glauben? Wissen und Glauben erscheinen uns als Gegensätze. „Glauben ist Nicht-Wissen" heißt es spöttisch, wobei sowohl die Naturwissenschaftler als auch die Theologen bei der Suche nach Erkenntnissen und Interpretationen ihre Nöte haben. Denn vor der Undefinierbarkeit Gottes und der Unendlichkeit der Welt versagt unsere Vernunft – soweit jedoch ihre Logik reicht, verhilft sie uns zur Einsicht in die Gegebenheiten dieser Welt und die sie bedingenden Zusammenhänge.

Einsichten und Erfahrungen sind uns Wegweiser. Das Vertrauen in die in Jahrtausenden gesammelte Erkenntnis und in die mit der Tradition übernommene Lebenserfahrung hilft uns, wie an der Hand geführt in die Zukunft zu schreiten. Ein Ja zum Leben ist also ein Ja zur zukunftseröffnenden Erkenntnis. Und da unser Verstand die Anhaltspunkte für seine Erkenntnis von den Sinnen bezieht, ist ein Ja zum Leben auch ein Ja zur Sinnlichkeit. Aber ein Ja zum Leben ist auch ein Ja zu Vernunft und Glauben, zu Liebe und Gemeinschaft, denn wir sind nur als soziale Wesen denkbar und bedürfen einander zum Leben und Überleben. Die Liebe gibt uns Freiraum in dieser Gebundenheit aneinander und der religiöse Glaube gibt uns die Gewissheit in göttlicher Obhut zu sein. Und was die Vernunft betrifft: die lässt uns diese und auch weitere, unser Leben bestimmende und bedingende Zusammenhänge erkennen.

Einsicht und Verständnis sind die Forderungen unseres rationalen Zeitalters. Die Vernunft ermöglicht es uns einsichtig, berechnend und vorausschauend zu sein. Sie optimiert unser Handeln zielorientiert. Wir sind also darauf angewiesen, vernünftig zu sein. Aber lassen wir uns auch von der Vernunft leiten? Ja, kann uns die Vernunft allein leiten? Ganz bestimmt nicht immer. Öfter als wir es wahr haben wollen verhilft uns die Intuition zu einem Verhalten das den Erfordernissen des Augenblicks entspricht, ohne dass wir dafür Vernunftgründe angeben könnten. Intuition ist Gefühlsvernunft und als solche auch am Entstehen der Schöpfungsmythen mitbeteiligt. Indem diese Sinnhaftigkeit und Ordnung stiften leisten sie was unserem, auf Einsicht und Verstehen beruhenden, naturwissenschaftlichen Weltverständnis versagt bleibt. Denn am Unüberschaubaren, an der Unendlichkeit der Welt und der Unendlichkeit der darin bestehenden Bezogenheiten, scheitert die Vernunft. Es besteht also kein Widerspruch darin, unserer Einsicht folgend, ein naturwissenschaftliches Weltbild zu vertreten und gleichzeitig die Welt als Schöpfung zu bezeichnen und damit die Unzulänglichkeit unseres Verstandes, letzte Fragen beantworten zu können, einzugestehen. Diese Begrenztheit unseres Begreifens hindert uns jedoch nicht daran, uns erkenntniskritisch mit Gott und der Welt auseinanderzusetzen, ohne dabei unseren Verstand zu verrenken.

„Wisse die Wege“

Was sinnlich-verstandesmäßigem Erkennen versagt bleibt kann sich in mystischer Schau und in intuitivem Erfassen kund tun. So auch in den Visionen der Heiligen Hildegard von Bingen, wie ihren und den über sie berichtenden Schriften zu entnehmen ist. Der Titel, „Wisse die Wege“, der ersten der drei bedeutendsten Schriften der Heiligen Hildegard von Bingen, drückt aus, was sie uns vermitteln möchte. Er bezieht sich auf die Botschaft ihrer Visionen, auf die Wahrheit, die ihr zuteil geworden war, aus der und für die sie lebte. Die heilige Hildegard fühlte sich berufen, das ihr offenbarte Wissen um die Wege der Schöpfung für den Lebensalltag ihrer Zeitgenossen fruchtbar zu machen – die Menschen davor zu bewahren, auf Abwege zu geraten und zu Schaden zu kommen, und den schon zu Schaden gekommenen mit ihrer Heilkunst zu helfen.

Die symbolhaften Bilder ihrer Visionen und ihre Erläuterungen dazu besagen, dass der Mensch mit der Schöpfung auf dem Wege ist, und dass er sich, als vernunftbegabtes Wesen, letztlich verantwortungsbewusst entscheiden wird, um auf dem rechten Weg, dem Weg gelingenden Lebens, zu bleiben. Was sich Hildegard in mystischer Schau offenbarte, reflektiert das sich in Mythen und Symbolen ausdrückende und die Menschen in das Weltganze einbindende religiöse Weltverständnis.

„Die Symbole wahren [...] den Zusammenhang mit den tiefen Quellen des Lebens [...]" schreibt Dr. phil. Albert Stüttgen den Religionswissenschaftler Mircea Eliade zitierend. „So verweist [auch] [...] das in vielen Religionen bekannte und auch in christlichen Darstellungen der Heilsgeschichte wiederkehrende Symbol des Weltenbaums auf die Erfahrung der Welt als einer lebendigen Ganzheit, die in aufeinanderfolgenden Perioden in steter Erneuerung begriffen ist und sich aus einem unsichtbaren Ursprung nährt".[1]

Sowohl die religiösen Erfahrungen, als auch die Visionen der heiligen Hildegard von Bingen stellen uns Menschen in den unmittelbaren Zusammenhang mit dem Weltganzen. Dieses ganzheitliche Denken gewinnt heute zunehmend an Aktualität. Um Heilung bemüht, hat die Medizin die ganzheitlichen Behandlungsmethoden wieder entdeckt. Die Wiederentdeckung durch die Naturwissenschaft der ganzheitlichen Weltsicht und der Eingebundenheit des Menschen in das Weltganze, ist der nächste heilbringende Schritt, auf den uns sowohl die religiösen Erfahrungen wie auch die Visionen der heiligen Hildegard verweisen – zumal uns mit dem religiösen Weltverständnis auch der Rahmen für Sinn und Orientierung verloren gegangen ist.

Die Sinnkrise

Von Kindheit an lernen wir es, mit unserer weltlichen Umgebung zurechtzukommen. Sinnvolles Verhalten ist uns in die Wiege gelegt. Ein kleines Kind klammert sich instinktiv an seine Mutter, wenn es zu fallen droht. Das Leben und das Zusammenleben verlangt sinnvolles Verhalten – verlieren wir den Sinnzusammenhang, droht Wahnsinn und Chaos. Es gibt für uns kaum etwas Belastenderes, als der Sinnlosigkeit ausgeliefert zu sein. Allem Anschein nach sind wir aber dazu verurteilt – das nämlich suggeriert uns unser klassisches Weltbild. Nach diesem Weltverständnis ist der Mensch ein sinnvermissendes Zufallsprodukt, eine Laune der Natur. Folglich sind wir gemäß dieser Weltsicht der Beliebigkeit preisgegeben und stehen prinzipienlos und uns selbst überlassen da. Eine solche Weltvorstellung ist nicht nur wenig überzeugend, sondern auch nicht hilfreich um sich in der Welt zurechtzufinden und sein Leben auf das Wesentliche ausrichten zu können. Kein Wunder also, dass sich vor allem junge, Sinn und Orientierung suchende, Menschen religiösen Sekten und heilverkündenden Gurus zuwenden.

Die Menschen, und ganz besonders die der westlichen Welt, waren kaum jemals so orientierungslos wie heute. Zu allen Zeiten galten mythisch-religiöse Weltvorstellungen und Glaubenswahrheiten als das Grundsätzliche und Verlässliche, Sinn- und Orientierung Bietende. Doch unser rationales Zeitalter der wissenschaftlichen Entdeckungen und technischen Wunderwerke, mit einer rasanten Entwicklung der Wissenschaften und der technischen Machbarkeit ließ die Gottgläubigkeit und die Glaubenswunder als fragwürdig erscheinen und führte zum Glauben an den unbegrenzten Wohlstand verheißenden wissenschaftlich-technischen Fortschritt. Nun ist es aber ersichtlich geworden, dass mit dem Fortschreiten der Technisierung und dem Wachsen der Konsumgesellschaft auch die Umweltbeeinträchtigungen wachsen. Und so stehen wir heute nicht nur vor wirtschaftlichen Schwierigkeiten durch die zunehmenden Kosten für das Begrenzen und Vorbeugen von Umweltschäden, sondern auch vor einer zunehmenden Orientierungslosigkeit.

In Umbruch- und Krisenzeiten wie der heutigen, in der der wirtschaftliche Aufschwung einzubrechen droht, wird auch die Politik zunehmend unglaubwürdig. Es gibt keine schnellen Lösungen für die anstehenden und sich häufenden Probleme. Nicht nur die Politiker, sondern wir alle verstehen, im wahrsten Sinne des Wortes, die Welt nicht mehr. Unser heutiges Weltverständnis und Weltbild kann uns nicht weiterhelfen, es ist fragwürdiger geworden denn je. Letzteres gilt auch für die religiösen Wahrheitsansprüche, sodass uns weder Glauben noch Wissen hinreichend Halt und Orientierung bieten können. Diese aber brauchen wir, um mit dem Leben, mit der Welt, und um miteinander zurecht zu kommen.

Visionen und Ideale

„Wo keine Visionen sind, gehen die Menschen zugrunde“, sagt ein Sprichwort. Die Menschen brauchen ein Ziel das ihrem Leben Sinn verleiht und worauf sie hinleben. Diese Zielvorgabe war seit Menschengedenken religiös begründet. Heute jedoch erscheinen uns religiöse Jenseitsvisionen als weltfremd. Umso verlockender war die Vision „vom Himmel auf Erden“, die Vision von einer gerechten und klassenlosen Gesellschaft. Diese ideale (kommunistische) Gesellschaft aufzubauen, hat sich jedoch als unrealisierbar erwiesen. Die Gesellschaft konnte nicht ideal werden, weil die Menschen es selbst nicht waren. Die Bürger selbst verleihen der Gesellschaft ihr Niveau. Wir sind also darauf angewiesen, auf uns selbst zu bauen und an uns selbst zu arbeiten, denn erst mit uns kann auch die Gesellschaft in der wir leben vollkommen werden.

Ein Humanitätsideal, die individuelle Selbstverwirklichung, erweist sich somit als die Grundlage und das inhaltliche Ziel einer zukunftsfähigen Gesellschaft. Doch die Selbstverwirklichung gemäß dem humanistischen Leitbild, in dem der Mensch im Mittelpunkt steht und zum Maß aller Dinge wird, ist fragwürdig. Denn der Humanismus, so sehr wir seine Ideale auch schätzen, ist ein unvollkommenes Leitbild. Den Menschen am Menschlichen orientierend fehlt ihm der uns in das Weltganze einordnende Sinnbezug, der Sinnzusammenhang mit unserem Ursprung, mit der kosmischen Natur die uns hervorgebracht hat.

Wollen wir uns nicht im Kreise um uns selbst drehen, so gilt es diese Tatsache zu berücksichtigen und uns den Fragen, die die Vorstellungskraft der Menschen seit jeher herausforderten zu stellen. Es sind die Fragen nach dem Sinn unseres Daseins und Lebens, nach unserem Woher und Wohin. Diese religiös gefärbten Fragen, die einstmals nur die Theologen und Philosophen beschäftigten, werden durch die zunehmende Umweltschädigung und Ressourcenknappheit schon heute, und noch mehr für die nächsten Generationen, zu existenziellen Fragen. Denn *indem wir nach dem Sinn unseres Daseins und Lebens fragen, fragen wir auch nach einem sinnvollen, lebensgerechten, Handeln und Verhalten und übernehmen damit Verantwortung für unsere Zukunft.*

Aber ermahnen uns nicht gerade die Religionen zu Verantwortlichkeit und einem moralischen Lebenswandel, gepaart mit Liebe und Selbstüberwindung, uns als Lohn ein himmlisches Leben in Aussicht stellend und andernfalls die Hölle? Ist das nur Zufall, oder der Beweis von Wirklichkeitsnähe, dass die religiösen Forderungen zu einem daseinsgerechten Leben ermahnen? Da der Zufall ein schlechter Garant fürs Dasein ist, müssen wir einen wesentlichen Grund für diese Wirklichkeitsnähe bei uns selbst, in unserer Religiosität, suchen. Diese aber ist, wie auch das Bewusstsein, ein Wesensmerkmal unserer menschlichen Natur von existenzieller Bedeutung.

Adler, Heidegger und der rechte Weg

Die sich mit der Mechanisierung und Technisierung steigernden menschlichen Möglichkeiten haben zum Vertrauen in die Technik geführt und zu der Überzeugung, damit alles in den Griff zu bekommen. Der Mensch ist zum auf sich selbst bezogenen Macher und Könner geworden. Unsere Alltagswirklichkeit manifestiert sich heute – worauf Martin Heidegger, einer der bedeutendsten Philosophen des 20. Jahrhunderts, aufmerksam machte – in der Weltbemächtigung des auf sich selbst gerichteten Menschen, der den Bezug zum Sein verloren hat. Um diese „Seinsvergessenheit“ zu überwinden ermahnte Heidegger zu einem Verhalten, das den „Zuspruch des Seins“ erfährt.[2] Zu einem Leben unter Berücksichtigung des Eingebundenseins in das Irdische und kosmische Ganze, was dem dem Sinn unseres Lebens und Daseins entspricht.

[…] „der >wahre< Sinn des Lebens zeigt sich in dem Widerstand, der sich dem unrichtig handelnden Individuum entgegenstemmt“, also darin, „daß er diejenigen ins Unrecht setzt, die zu ihm in auffallendem Widerspruch stehen.“[3] schreibt, der Begründer der Individualpsychologie, Alfred Adler. Er verweist darauf, dass der Mensch im Gesamtzusammenhang von Familie, Gesellschaft und Welt lebt. Ein Umstand dem jedes Individuum gerecht werden muss, um psychisch gesund zu bleiben und mit dem Leben zurecht zu kommen. Denn indem der Mensch seiner weltlichen und sozialen Umgebung gerecht wird, findet er zu einem gedeihlichen Leben, und damit auch zum Sinn des Lebens. Adler erläutert:

> Nach einem Sinn des Lebens zu fragen hat nur Wert und Bedeutung, wenn man das Bezugssystem Mensch-Kosmos im Auge hat. [...] [Denn] der Kosmos ist sozusagen der Vater alles Lebendigen. [...] [Und] Leben heißt sich entwickeln. [...] Die Gesamttatsache der schöpferischen Evolution alles Lebenden kann uns darüber belehren, daß der Richtung der Entwicklung bei jeder Spezies ein Ziel gesetzt ist, das Ziel der Vollkommenheit, der akti-

ven Anpassung an die kosmischen Forderungen. [...] an die der Außenwelt[4] [...]

[Schon] die Tatsache [...], daß wir bei unserem Eintritt ins Leben nur vorfinden, was unsere Vorfahren als Beitrag zur Evolution, zur Höherentwicklung der gesamten Menschheit fertiggestellt haben [...] könnte uns darüber aufklären, wie das Leben weiterrollt, wie wir uns einem Zustand größerer Beiträge nähern, größerer Kooperationsfähigkeit, wo sich jeder einzelne mehr als bisher als ein Teil des Ganzen darstellt, ein Zustand, für den natürlich alle Formen unserer gesellschaftlichen Bewegung Versuche, Vorversuche sind, von denen nur diejenigen Bestand haben, die in der Richtung dieser idealen Gemeinschaft gelagert sind. [...]

Die Frage des rechten Weges scheint mir gelöst, [...] [denn] das eine können wir sagen: eine Bewegung des einzelnen und eine Bewegung der Massen kann für uns nur als wertvoll gelten, wenn sie Werte schafft für die Ewigkeit, für die Höherentwicklung der ganzen Menschheit.[5]

Fordern uns nicht auch die religiösen Lehren dazu auf unser Leben auf die Ewigkeit auszurichten, uns hierfür zu einem guten Miteinander, zu einem moralischen und gottgefälligen, also zukunftsträchtigen, Lebenswandel ermahnend? Unwillkürlich müssen wir uns fragen: Kann das ein Zufall sein, dass sich unser Wissen bezüglich des rechten Weges mit der intuitiv-religiösen Erkenntnis deckt? Kommt hier nicht eher ein Grundgesetz des Lebens zum Ausdruck – das Streben alles Lebendigen nach Beständigkeit?

Beseelt von einem inneren Drange zu Leben strebt alles Lebendige nach existenzieller Sicherheit durch die möglichst vollkommene Anpassung an die weltlichen und umweltlichen Gegebenheiten. Hierfür sind wir Menschen mit Bewusstsein, Vernunft und Willen gerüstet. Diese, unsere geistigen Fähgkeiten, führen uns letztlich wieder zurück zum Urgrund jeglicher Existenz. Auf dem Weg zurück zu der Einheit, die unser Ursprung ist – auf dem langen Weg wachsender Erkenntnis und Reife – geleitet uns Menschen, unsere Vernunft flankierend, ein in uns schlummerndes Urbewusstsein, das sich in unserer Religiosität äußert, als die Bindung zum geistigen Urgrund der Welt. Erst da, im Geistigen gründend, ist Geborgenheit zu finden.

Erkenntnis und Reife

Der geistige Entwicklungsweg der Menschheit ist vergleichbar mit einem Weg, der durch eine lange Reihe von Labyrinthen und Irrgärten steigenden Schwierigkeitsgrades führt, wobei die gesammelte Erfahrung „dem Faden der Ariadne“ entspricht. Das Bewältigen der sich jeweils stellenden und immer schwieriger werdenden Aufgaben führt zu einem immer höheren Kenntnisstand und damit zu einem immer höheren Stufen entsprechenden und eine jeweils neue Sichtweise eröffnenden Reifegrad – und entsprechend dem neuen Überblick, aus der jeweils neuen Perspektive auch immer wieder zum Umdenken, zum Neuordnen und Neubewerten von früheren Erkenntnissen.

Aus dieser Veranschaulichung wird ersichtlich, dass unsere Erkenntnis nicht die volle Wirklichkeit, sondern nur unsere Erfahrung mit der Wirklichkeit widerspiegelt. Die Wirklichkeit ist unergründlich, wie das Leben selbst und bleibt uns immer ein Stück weit verborgen. Aber diese Erkenntnislücke wird – von der in uns aus dem Unterbewusstsein widerhallenden Wirklichkeit – von intuitivem gefühlsgetragenem Wissen so weit ausgefüllt, dass unser Leben und damit auch das Überleben unserer Art gelingen kann.

Unter Entwicklungsdruck

Gelingen erfordert ein den Lebensumständen angemessenes Verhalten. Die nicht einwandfreie Reaktion auf alles was auf uns einwirkt, und auch die Überforderung der Leistungsfähigkeit der körpereigenen Anpassungs- und Regelsysteme führt zu Leiden. Diese nötigen uns unser Verhalten leidmindernd zu verändern und dadurch das rechte Verhältnis zur Wirklichkeit wieder herzustellen. Damit sind uns die Leiden, wie auch die Lust und die Freude, ein Anlass für vorausschauendes Erkennen und willentliches Handeln.

Freud und Leid locken und drängen uns zu einem entwicklungsfreudigen Verhalten. Bedroht von den Veränderungen dieser sich im Werden befindenden Welt müssen auch wir uns verändern. Um in dem uns umgebenden Geschehen zu wachsen und nicht zu scheitern sind wir zur Mitentwickelung herausgefordert. Wir stehen also unter Entwicklungsdruck. Inwieweit unser Verhalten und unser Tun und Lassen unserer eigenen Entwicklung und auch der unserer Mitmenschen zu- bzw. abträglich ist, insoweit wird es uns früher oder später auch mehr oder weniger Freud, bzw. Leid bringen.

Hier ist ebenfalls eine Parallele zu dem was die Religion schon immer geleistet hat zu erkennen. Denn auch die religiösen Lehren ermahnen zu einem vorausschauenden, sich am Ewigen ausrichtenden, Verhalten. Der lockende Lohn der Ewigkeit und die Angst vor der ewigen Verdammnis sind Beweggründe für die Gläubigen, sich ehrfürchtig zu verhalten und ethisch-moralischen Vorschriften zu genügen. Das wiederum dient sowohl dem guten zwischenmenschlichen Miteinander, wie auch der eigenen, ganz persönlichen, Entwicklung und Verwirklichung und damit, so wie auch die Freuden und Leiden, der Anpassung an diese sich im Werden befindende Welt.

Die Ehrfurcht vor dem Leben – das Kriterium für gut und böse

Ein gelingendes Leben bringt uns Freude und Glück, ein Fünkchen Schöpferfreude und Schöpferglück. Nicht zufällig heißt es in der Bibel zur Vollendung der Schöpfung: „Und Gott sah an alles, was er gemacht hatte, und siehe, es war sehr gut" (1 Mose 1.31). Im Gelungensein der Schöpfung ist also die Voraussetzung für das Gelingen des Lebens schon gegeben, und im *guten Gelingen* auch sein Ziel. Gemäß dieser Zielsetzung spiegelt ein rechtes Verhalten gegenseitige Achtung und Wohlwollen wieder, aber auch die Achtung und das Wohlwollen gegenüber allen anderen Lebewesen. Diesem Standpunkt, der Ehrfurcht vor dem Leben, fühlte sich Albert Schweitzer verpflichtet. In seinem, am 20. Okt. 1952 in der französischen Akademie der Wissenschaften gehaltenen, Vortrag über das Problem der Ethik in der Höherentwicklung des menschlichen Denkens, schlussfolgert der Theologe, Arzt, Philosoph und Musiker:

> Das Wesen des Guten ist: Leben erhalten, Leben fördern, Leben auf seinen höchsten Weg bringen.
>
> Das Wesen des Bösen ist: Leben vernichten, Leben schädigen, Leben in seiner Entwicklung hemmen.
>
> Das Grundprinzip der Ethik ist also Ehrfurcht vor dem Leben. [...] In der Hauptsache gebietet die Ehrfurcht vor dem Leben dasselbe wie der ethische Grundsatz der Liebe. Nur trägt die Ehrfurcht vor dem Leben die Begründung des Gebotes der Liebe in sich und verlangt Mitleid mit aller Kreatur.[6]

Dadurch, dass Albert Schweitzer das Leben, dessen wir uns zusammen mit aller Kreatur erfreuen, zum Maßstab nimmt und am Leben misst was gut und schlecht ist, entsprechen auch seine ethischen Grundsätze den Erfordernissen des Lebens, dem Streben alles Lebendigen nach freier Entfaltung und Gelingen. Unser Streben nach Gelingen und freier Entfaltung macht aber auch ein allseitiges, von Liebe getragenes Entgegenkommen und harmonisches kooperieren erforderlich, damit wir uns nicht gegenseitig behindern und aneinander schuldig werden.

Das Schöne als das Erstrebenswerte

Gelingen wird von Schönheit ausgezeichnet. Schönheit ist die materielle Manifestation äußerer und innerer Harmonie. Das Schöne ist eine Quelle der Lebensfreude, und diese ist Ausdruck von Sinnfindung und Erfüllung. Der Wiener und auch der Dresdner Opernball sind Ereignisse von Glanz und Glamour, Beispiele des Strebens nach der Vollkommenheit im Schönen. Das Schöne ist anziehend und ausstrahlend, ermutigend und bestätigend zugleich. Im Lexikon heißt es: „Schönheit ist die sinnlich fassbare Beschaffenheit von Natur- oder Kunstgegenständen, die in uns Wohlgefallen auslöst.“[7]

Das Wohlgefallen der Männer findend, erhöht die anziehende Schönheit einer Frau ihre Fortpflanzungschancen und gleichzeitig auch die des ihr imponierenden Mannes. Darin erweist sich die Schönheit als Zweckmäßigkeit. Aber worin besteht die Zweckmäßigkeit einer steinernen Venus? Nun, eben auch darin, die Schönheit als das Sinnbild vollendeter Zweckmäßigkeit darstellend, unser Wohlgefallen zu finden. Denn das Wohlgefallen am Schönen, unser Harmonieempfinden Ansprechenden, ist das Wohlgefallen am Vollkommenen, das wir bewusst oder unbewusst darin erkennen. Wir erkennen im Schönen das Vollkommene und im Vollkommenen das Zweck und Sinn Entsprechende und Darstellende, das Sinn-Volle. Als des Lebens teilhaftig liegt es in unserer Natur, dass wir dieses als das Verheißungsvolle, als das für das Leben stehende Gute empfinden – als Gegensatz zum sinnentleerten Chaos.

Das Schöne und Gute anzustreben und dabei geistig und menschlich zu wachsen und zu reifen, ist Inhalt und Ziel der Selbstverwirklichung. Es ist das Ziel, dem wir uns gedrängt und gezogen – gelockt von den Lebensfreuden und von den Lebensumständen genötigt – langsam nähern.

Zur Selbstverwirklichung herausgefordert

Das Leben fordert uns immer wieder heraus die Lebensumstände zu meistern, mit der Aussicht auf die Freuden am Auskosten des Lebens und am Erkunden der vielen Variationsmöglichkeiten der Lebensgestaltung. Aber auch dazu, eingebunden in Familie und Gesellschaft an der

Lebenswirklichkeit zu wachsen und dabei nicht nur uns selbst, sondern auch den berechtigten Erwartungen unserer Mitmenschen, zu genügen. Wir sind also gefordert, immer dem Augenblick angemessen zu agieren und zu reagieren. Allein mit Verstandesvernunft ist das nicht zu schaffen, wohl aber, wenn die Liebe unser Denken und Streben lenkt. Die Liebe ist Gefühlsvernunft und dieser genügt schon ein flüchtiger Blickkontakt oder der Klang eines Wortes, um eine Gesamtsituation intuitiv zu erfassen. Hier versagt unsere berechnende Vernunft, sie kann die Liebe nicht ersetzen, dafür aber ihre Unverzichtbarkeit bestätigen. Und Liebe zu üben, auch meditierend, bringt Freude und Glück. Meditationsübungen schulen den Geist und auf der Wiese der Liebe begegnet unser Selbst dem Göttlichen. Die Liebe versetzt uns in die Lage, uns im Kreise unserer Mitmenschen zu verwirklichen, indem sie uns Tür und Tor zu ihren Herzen, zu ihrem Fühlen und Wesen, zu ihrer Wirklichkeit öffnet. Einladend bereitet und führt sie uns den Weg der Selbstverwirklichung, des Sich-Bildens zur Ebenbildlichkeit.

Selbstverwirklichung bedeutet, dass die Liebe, das Grundprinzip unserer Welt und des sie beseelenden großen (göttlichen) Selbst, auch zum Grundprinzip unseres kleinen Selbst und unseres eigenen Wesens wird. Beseelt vom gleichen Prinzip ist unser Wollen im Einklang mit dem ewigen Werden, dem schöpferischen Vollbringen, mit dem das göttliche Selbst die Welt beseelt, sodass sich unser Tun in das göttliche Vollbringen fügen, und darin aufgehen, kann. Damit aber ist „Sein" nicht mehr „Sorge" (Heidegger), sondern Schöpferglück. Darum ermahnte Jesus: „Trachtet am ersten nach dem Reich Gottes [nach dem Zugang zum Reich des Geistes] und [lebt] nach seiner [der Liebe] Gerechtigkeit, so wird euch solches alles [das Lebensnotwendige] zufallen" (Mt. 6,33). Das bleiben in der „Liebe ist des Gesetzes Erfüllung" (Rö. 13,10).

Liebe animiert und motiviert. Ein Baby strahlt vor Glück wenn es von seiner Mutter angelächelt wird. Die

Liebe ist wie der wärmende Morgensonnenschein, auch sie fördert Wachstum und Gedeihen. Jeder noch so flüchtige Moment, in dem die Liebe unser Gemüt erhellt, ist ein Moment des Wirklichseins in dem das Wollen im Vollbringen, im Schöpferglück, aufgeht. Die Liebe ist der Ausdruck von Erfüllung und Verwirklichung, „der Antrieb zur Vollkommenheit."[8] Sie ist das aufbauende, dem Dasein zugrunde liegende, Prinzip des Seins. „Die Liebe ist die Quelle. Sie wird nicht aus anderem geboren, sie ist es, die alles durchdringt und zusammenhält."[9] *Sie ist das natürliche Weltethos.* „Liebe ist die unbegreiflichste, weil grundloseste und selbstverständlichste Wirklichkeit des absoluten Bewusstseins. Hier ist der Ursprung für allen Gehalt, hier allein ist die Erfüllung allen Suchens [...]" (Karl Jaspers).

„Ohne Liebe," schreiben die chilenischen Biologen H. R. Maturana und F. J. Varela, „ohne daß wir andere annehmen [...] für sie oder für ihn einen Daseinsraum neben uns öffnen [...] und neben uns leben lassen, gibt es keinen sozialen Prozeß, keine Sozialisation und damit keine Menschlichkeit. Alles was die Annahme anderer untergräbt – vom Konkurrenzdenken über den Besitz der Wahrheit bis hin zur ideologischen Gewißheit – unterminiert den Sozialen Prozeß, weil es den biologischen Prozeß unterminiert, der diesen erzeugt." [10]

Meditation – der Weg zum Reich des Geistes

Der Weg zum Reich des Geistes ist der Weg in die Freiheit. Es ist ein langer Weg der geistigen Schulung und „der Reinigung des Seins in dieser Welt" (Aya Kema) durch Achtsamkeit, Liebe und Wahrhaftigkeit, durch Ehrlich- und Aufrichtigkeit mit uns selbst und unseren Mitmenschen. Geistig erbaut und gegründet im Geistigen werden wir frei von Existenzangst und Konkurrenzdenken und damit offen für Kooperation und Hilfsbereitschaft, den Voraussetzungen für eine überlebensfähige Gesellschaft. Die geistige Schulung erweist sich als die Anpassung an diese im Geistigen gründende Welt in der wir leben.

„Meditation ist nicht Flucht vor der Welt, sondern ein Mittel, tiefer in sie hineinzublicken, unbehindert von Vorurteilen und von vertrauten Gewohnheiten, welche uns gegenüber den Wundern und den tiefen Mysterien, die uns umgeben, blind machen".

[...] Was bei der Meditation geschieht „[...] ist ein Vorgang der Umwandlung, der Verwandlung und Transzendierung, in dem wir uns völlig der Gegenwart bewußt werden, der unendlichen Kräfte und Möglichkeiten des Geistes, um Meister unseres Geschickes zu werden, indem wir diejenigen Eigenschaften pflegen, welche zur Verwirklichung unserer zeitlosen Natur führen, d.h. zur Erleuchtung.

[...] die Meditation [dient] dazu die Samenkörner wirklicher Befreiung zu sähen und schon jetzt die Körper zukünftiger Befreiung und Vollkommenheit im Sinnbild unserer höchsten Ideale zu erschaffen."[11]

Die Erfahrungen der Mystiker und Yogis bezeugen sowohl die in uns allen angelegten Fähig- und Möglichkeiten, wie auch die Notwendigkeit diese zu erschließen. Dass sich die in uns liegenden Möglichkeiten durch Kopftraining und die mentale Einstellung erschließen lassen, davon konnten sich Viele Manager und Spitzensportler überzeugen. Selbst wenn es uns nicht gelingt, uns in geistige Tiefen zu versenken, so erhöhen Geistes- und Entspannungsübungen unsere Belastbarkeit und Konzentrationsfähigkeit im Berufs- und Alltagsleben. Meditationsübungen bieten uns die Gelegenheit zum Abschalten und von allem Bedrängenden Abstand zu gewinnen und damit auch eine neue Lebensperspektive, sodass das Leben wieder Spaß macht und Freude bringt. Es ist also nur verständlich, wenn uns zahlreiche Kursangebote dazu einladen uns in Meditation und Yoga zu üben, wie auch die vielen dazu anleitenden Schriften. Das Bedürfnis, in unserem hektischen Alltag zu Entspannung zu kommen, ist groß und kann durch die Übungen, die für Körper, Geist und Seele die nötige Ruhe bringen – wodurch sich auch die Körperfunktionen harmonisieren – befriedigt werden.

Der zu beobachtende Trend zu Meditation und Geistesübungen, sowohl im religiösen Umfeld als auch im Rahmen der Kurse die Psychologen und Krankenkassen anbieten, verdeutlicht, dass wir von den Lebensumständen genötigt werden geistig zu wachsen und zu reifen. Denn kommen wir mit uns selbst zurecht, so kommen wir auch mit unseren Mitmenschen und der Welt zurecht. Es lohnt sich also – und die zunehmende Freizeit bietet sich geradezu dazu an – sich zwanzig bis dreißig Minuten täglich in meditativen Praktiken zu üben. Und es lohnt sich auch, wenn uns die Arbeit nicht recht gelingt, oder uns Müdigkeit plagt, eine kleine Ruhe- oder Entspannungspause einzulegen – „die schöpferische Pause“ (F. Klatt) – in der sich Körper und Geist zu neuem Schwung erholt.

Meditationsübungen sind der Weg zur Selbstverwirklichung. Sie sind der in kleinen Schritten zu beschreitende Weg der uns wirklich frei macht, durch die Fühlungsnahme mit dem uns selbst und der Welt zugrunde liegenden geistigen Reich, dem unbedingten und ewigen Sein. Dieser Weg ist immer ein ganz persönlicher. Die Anleitungen zur Meditation aber helfen, die richtigen Schritte und die richtige Einstellung dafür zu finden.

Bewusst und vernünftig

War für unsere frühen Vorfahren ihre Veranlagung zu einer trieb- und emotionsgesteuerten Reaktions- und Verhaltensweise noch lebenswichtig, so unterliegen wir heute der Erwartung, bewusst und vernünftig zu handeln. Uns in unpassenden Situationen von Trieben oder Gefühlen überwältigen zu lassen, kann uns in Schwierigkeiten oder zumindest in Verlegenheit bringen. Die so begangenen größeren oder kleineren und uns manchmal gar nicht, oder erst zu spät, bewusst werdenden Vernunftwidrigkeiten geben oft Anlass für Missverständnisse und Ärger. Solchen Ausrutschern kann ein von Liebe geprägtes, einfühlsames und entgegenkommendes, Verhalten vorbeugen. Einfühlung und Entgegenkommen, sowie die nötige Achtung voreinander, dienen dem guten Miteinander in der Familie, im Betrieb und im öffentlichen Leben und sind sowohl der Beweis als auch die Voraussetzung für das Walten der Vernunft.

Ziehen wir nun in Betracht, dass alle Religionen das gute Miteinander ihrer Anhänger fördern, so wird uns klar, dass sich in den religiösen Lehren eine unbewusste Vernünftigkeit, das „kollektive Unbewusste" manifestiert. Die individuelle Vernünftigkeit ergänzend trägt die religiöse Lebensführung zum gelingen des Lebens bei, und dadurch auch zum Überleben unserer Art. Damit erweist sich die Religiosität und das religiöse Verhalten der Menschen als sinnvoll und von evolutionsbiologischer Bedeutung.

Das kollektive Unbewusste ist das Sammelbecken der Erfahrung unserer Art. Die darin gespeicherte Information ist die Quelle unserer Intuition und Einfälle. Diese Natur unseres Wesens befähigte die Urmenschen sich allmählich ihrer Handlungen und deren Folgen bewusst zu werden. *Sich als die Handelnden erlebend, wurden sie sich ihrer selbst bewusst.* Die bewusste Tätigkeit erhöhte die Notwendigkeit einer vom Zusammenleben erforderten guten Verständigung durch artikulierte Laute. Das Sprechvermögen erlangte existenzielle Bedeutung und mit der Sprache entwickelte sich auch ihr abstraktes Begriffsvermögen und damit auch ihr Bewusstsein, sowie ihre Intelligenz und Kreativität. Erfahrung und Wissen konnte an die Nachkommen weitergegeben werden, sodass ihre nun weniger gefragten tierischen Instinkte verkümmerten. Dafür aber gewann ein gefühlsmäßig-intuitives Verhalten, *die Religiosität*, für die Urmenschen an Bedeutung.

Mit dem Erwachen zum Bewusstsein waren unsere frühen Vorfahren nicht nur zu Vernunft, sondern auch zu einem, die Vernunft ergänzenden, intuitiv-religiösem Verhalten erwacht. Vernunft und religiöser Glaube, diese Mischung, so unausgeglichen sie auch war und bleibt, ist das Erfolgsrezept unserer Art und der menschlichen Entwicklung. Es gibt wohl, abgesehen von der Gabe der Intuition, bzw. ihrer meditativen Erschließung, kein besseres Rezept dafür wirklichkeitsnah und gut gewappnet für das Leben zu sein, als das, uns ein ausgewogenes Verhältnis von Vernunft und Glauben zu bewahren.

Glaube und Vernunft

Die Menschen mussten, seit es sie gibt, mit ihresgleichen und ihrer Umwelt zurecht kommen, was ihnen dank ihrer religiösen Veranlagung auch gelungen ist. Die Religion hat sie zur Lebensbewältigung befähigt. Wir können also die Religionen, mit dem Religionswissenschaftler Frederic Spiegelberg, „als Überlieferung des Erkennens von Welt, als Methoden der Veränderung des Daseins durch innere Befreiung, als Wege zur Verwirklichung von Wahrheit“ [12] betrachten.

Die Bedeutung des Gottesglaubens für die Wahrheitsfindung war auch das Thema eines Interviews, das Joseph Kardinal Ratzinger seinem Biografen Peter Seewald gewährte. Darin heißt es:

> „Glaube und Vernunft sind die beiden Flügel, mit denen sich der Mensch zur Betrachtung der Wahrheit erhebt“, sagt Papst Johannes Paul II. zu Beginn seiner Enzyklika Fides et Ratio. Wenn er von „Betrachtung der Wahrheit“ spricht, so denkt er dabei an die großen Grundfragen der Menschheit, die in allen Kulturen und in jeder Geschichtsperiode gleichermaßen gestellt werden, weil sie aus dem Herzen eines jeden Menschen aufsteigen. Er benennt sie so: „Wer bin ich? Woher komme ich und wohin gehe ich? Warum gibt es das Böse? Was wird nach diesem Leben sein?“ Heute breitet sich immer mehr eine Kapitulation gegenüber der Frage nach den grundlegenden Wahrheiten des Menschseins aus. Sie scheinen zu hoch für den Menschen; [...] [Jedoch] Der „Flug“ zur Betrachtung der Wahrheit muß versucht werden, weil der

Mensch Wahrheit über das Wesentliche seines Seins braucht, wenn er recht leben und wenn er wahrhaft Frieden, ein rechtes Miteinander finden möchte. Vielleicht gelingt der Flug gerade deshalb nicht mehr, weil man den einen Flügel, den Glauben, weggebrochen hat und der andere Flügel – die Vernunft – zwar viel erreichen, aber den Aufstieg zu den tragenden Erkenntnissen des Menschseins allein eben doch nicht bewirken kann.[13]

Wie hier dargestellt ist der Vernunft nur die halbe Wahrheit zugänglich, also auch nur die halbe Wirklichkeit. Die andere Hälfte, die Wahrheit und Wirklichkeit der Glaubenserlebnisse, bleibt ihr versagt. Da wir im Lebensalltag vor der vollen Wirklichkeit dieser Welt stehen, sind wir gut beraten, alle ihre Seiten zu berücksichtigen. Denn vernünftig sein bedeutet, aus allen Erfahrungen, also auch aus den Glaubenserfahrungen, Lehren für das tägliche Leben zu ziehen, worauf Ratzinger auch als Papst Benedikt XVI. in seiner Vorlesung an der Regensburger Universität, anlässlich seines Deutschlandbesuchs im September 2006 verwies, wenn er sagte:

> Das Große der modernen Geistesentwicklung wird ungeschmälert anerkannt. Wir alle sind dankbar für die großen Möglichkeiten, die sie dem Menschen erschlossen hat und für die Fortschritte an Menschlichkeit, die uns geschenkt wurden. [...] bei aller Freude über die neuen Möglichkeiten des Menschen sehen wir auch die Bedrohungen, die aus diesen Möglichkeiten aufsteigen, und müssen uns fragen, wie wir ihrer Herr werden können. Wir können es nur, wenn Vernunft und Glaube auf neue Weise zueinander finden; wenn wir die selbstverfügte Beschränkung der Vernunft auf das im Experiment Falsifizierbare überwinden und der Vernunft ihre ganze Weite wieder eröffnen. [...] die moderne naturwissenschaftliche Vernunft [...] muss die rationale Struktur der Materie wie die Korrespondenz zwischen unserem Geist und den in der Natur waltenden rationalen Strukturen ganz einfach als Gegebenheit annehmen, auf der ihr methodischer Weg beruht. [...] die Frage warum dies so ist [...] muss von der

> Naturwissenschaft weitergegeben werden [...] an [die] Philosophie und Theologie. Für die Philosophie und in anderer Weise für die Theologie ist das Hören auf die großen Erfahrungen und Einsichten der religiösen Traditionen der Menschheit, besonders aber des christlichen Glaubens, eine Erkenntnisquelle, der sich zu verweigern eine unzulässige Verengung unseres Hörens und Antwortens wäre. [...] Der Westen ist seit langem von dieser Abneigung gegen die grundlegenden Fragen seiner Vernunft bedroht und könnte damit einen großen Schaden erleiden. Mut zur Weite der Vernunft, nicht Absage an ihre Größe – das ist das Programm, mit dem eine dem biblischen Glauben verpflichtete Theologie in den Disput der Gegenwart eintritt.[14]

Der ehemalige Universitätsprofessor ermahnt hier zu einer umfassenden, die religiöse Erfahrung mit einschließenden, Objektivität. Er möchte sagen: Schaut doch mal genau hin, Wissen und Glauben widersprechen sich nicht, sie sind beide Methoden der Lebensbewältigung, die bloß von verschiedenen Seiten an die Wirklichkeit herangehen. Spirituelle Erfahrungen sind, wie auch die wissenschaftlich gewonnenen Einsichten, Erkenntnisbringende Lebenserfahrungen. Sich ergänzend und sich dadurch gegenseitig aufwertend sind uns alle Erfahrungen gleichermaßen unverzichtbar.

„Ohne Fleiß kein Preis". Die Freiheit nach vorne

„Den Seinen gibt's der Herr im Schlaf", sagt der Volksmund. Den Augen der Menschen ist es nicht entgangen, dass die Umstände denen zuspielen, die im Einklang mit der Natur und der Schöpfungsordnung leben. Die Erfahrungen vieler Heiliger aller Religionen können das bestätigen. Sich in Liebe und Selbstüberwindung und in hingebender Anbetung übend, haben sie das Umfangenwerden von der Nähe Gottes, und darin das Einswerden von Körper, Geist und Schöpfung, erfahren. In diesem Einssein gründet die Angemessenheit ihres Tuns, in dem sich das schöpferische Prinzip des Lebens lebenserhaltend manifestiert, sodass ihnen „alles andere“ (Matth. 6, 33) das Lebensnotwendige „zufällt.“

Solche mystisch-religiöse Erfahrungen und viele andere Trost und Hoffnung spendende Glaubenserfahrungen, aber auch die religiöse Magie wie auch der religiöse Fanatismus markieren das Gebiet der Religion, die mal mehr und mal weniger ausgeprägt die Menschen ständig begleitete und der sie sich immer dann zuwandten, wenn sie – in Not geraten – mit ihrem Wissen am Ende waren. Das ist noch heute so und wird auch in Zukunft nicht anders sein. Wir können uns zeitweise, rein äußerlich, von der Religion abwenden, aber unterschwellig bleiben wir ihr verhaftet. Dieser Ansicht ist auch Dr. Werner Suppanz von der Universität Graz wenn er schreibt:

> Die Auffassung von Säkularisierung als <Untergang der Religion> im Zuge der Modernisierung erscheint als obsolet. Zum einen weisen zahlreiche <klassische> und aktuelle Ansätze darauf hin, dass trotz Rationalisierung und Verwissenschaftlichung der Bezug auf das Transzendentale und/oder Sakrale in den europäischen und amerikanischen Gesellschaften nach wie vor Bedeutung hat [...][15]

Langsam wird uns klar, dass uns die Religion auf unserem evolutionären Entwicklungsweg Sinn gebend und bewahrend geleitet. Das gottgefällige und strebsame Verhalten zu dem die religiösen Lehren ermahnen trägt zum guten Miteinander in einer Glaubensgemeinschaft bei, aber auch zur persönlichen Verwirklichung der Gläubigen. „Im Schweiße deines Angesichts sollst du dein Brot essen [...]“ heißt es schon in der Bibel und als sprichwörtliche Volksweisheit: „Ohne Fleiß kein Preis.“ Sowohl der Volksmund als auch die Heilige Schrift bringen es auf den Punkt: Im allgegenwärtigen Werden unserer Welt gibt es keinen Platz für Bequemlichkeit, sondern nur uneingeschränkte Freiheit geistig zu wachsen und menschlich zu reifen, oder als nicht entwicklungsfähig von Not und Vergehen bedroht zu sein. Es fällt uns nichts in den Schoß, wir sind genötigt uns selbst zu bemühen um im Lebensalltag bestehen zu können. Dazu gehören auch Zeiten der Besinnung und Meditation, um über das Alltägliche hinaus und ins eigene Leben und uns selbst hinein zu schauen.

Zum Gelingen geführt

Ein Zusammenspiel, die Zusammenarbeit, ist angefangen von der steinzeitlichen Großwildjagd bis zur Arbeitsteilung in der heutigen Industriegesellschaft die Lebens- und Überlebensstrategie der Menschen und die Grundlage der kulturellen Entwicklung der Menschheit. Durch den Welthandel, die internationalen Finanzmärkte und international ausgerichtete multinationale Unternehmen umspannt die Zusammenarbeit heute den ganzen Erdball. Damit sind wir aber auch auf verbindliche Spiel-Verhaltensregeln angewiesen, die ein gerechtes Geben und Nehmen gewährleisten und sicherstellen, dass die Zusammenarbeit dem gegenseitigen Vorteil aller daran Beteiligten dient und nicht auf Kosten der daran Unbeteiligten geht. Und das sind die Verhaltensregeln einer dem Gutdünken weitestgehend entzogenen, religiös begründeten Ethik, die unser Handeln an unvergänglichen moralischen Werten misst. Damit bietet uns die Religion verbindliche Maßstäbe und Verhaltensregeln für unser Handeln, sie begleitet und leitet uns mit religiösem Wissen und althergebrachter Erfahrung. In unserer religiösen Tradition eingebunden sind wir:

Frei, aber in bewahrendem Geleit

In der Einleitung der Religionsphänomenologie „Erscheinungsformen und Wesen der Religion“ von Friedrich Heiler heißt es:

> „Der stärkste Halt, die höchste Würde, der größte Reichtum, die tiefste Seligkeit des Menschen liegt in der Religion, d. h. im Umgang mit der letzten, tiefsten Wirk-

> lichkeit. [...] Das Reich des Wahren, Guten und Schönen ist immer zugleich das Reich des Heiligen. [...] Religion ist aber nicht nur etwas Heiliges, Tröstendes, Lebenspendendes, sondern [auch] etwas Gefährliches: allenthalben finden wir religiöse Rauschzustände und Ausbrüche des religiösen Fanatismus. Unzählige Male in der Geschichte hat die Religion ihren Anspruch mit Gewalt, mit Feuer und Schwert verfochten.“[16]

Aus dieser Beschreibung wird deutlich wie ergreifend und einnehmend die Religion sein kann und was für eine Urgewalt sie darstellt. Damit verweist Heiler auf ihren Stellenwert im menschlichen Leben und der Menschheitsgeschichte. Die Legitimation der Religion und die Kraft des Glaubens gründet in dem Bezug auf die erste und letzte Wirklichkeit, die alles hervorbringt und zurücknimmt. Die Religion und die sie generierende Religiosität sind der Ausdruck einer in uns angelegten gefühlsmäßigen Beziehung zu unserem Ursprung, die uns für unser Handeln vor dem Schöpfer der Welt verantwortlich macht. Unserer Religiosität liegt ein aus dem Unterbewusstsein hochsteigendes Ahnen und gefühlsmäßig-intuitives Wissen zugrunde, das uns eine über einleuchtende Welterklärungen hinausgehende Wirklichkeit spüren lässt. Empfänglicher für alles Unterbewusste als wir, gelangten unsere fernen Vorfahren intuitiv, aus dem Gefühl handelnd, zu religiösem Verhalten. Die religiösen Angewohnheiten verfestigten sich im Verlauf der Zeit zu religiöser Tradition, zu Religion. „[…] die Religion ist ein Gefühl […] das religiöse Gefühl ist nichts Zufälliges, sondern ein >Grundgesetz der menschlichen Natur<“ so Benjamin Constant, den der anerkannte Religionsphänomenologe Gerardus van der Leeuw als „den größten und einflußreichsten unter den Gelehrten der Aufklärungszeit, die sich mit der Religion befaßt haben“[17] bezeichnete.

Das gemeinsame Bekunden, zum Ausdruck Bringen (als Ausdruckshandlung, L. Klages) der Gefühle der „schlechthinnigen Abhängigkeit“ (Schleiermacher) von höheren Mächten – angesichts lebensbedrohender Ereignisse, wie Naturkatastrophen, oder schauriger Erlebnisse, z.B. des Todes – durch Worte und Gesten der Unterwürfigkeit sowie der Versuch der Beeinflussung dieser Mächte durch Opfer war der Beginn der Religion. Die Einbindung durch rituelle Handlungen des ganzen menschlichen Lebens, von der Wiege bis zur Bahre, das Feiern der religiösen Feste die den Jahresablauf markieren, und die gemeinsame Bewältigung von Nöten und Lebensängsten gibt den Menschen das Gefühl der Zu- und Zusammengehörigkeit, der Geborgenheit und Beheimatung in ihrer religiösen Tradition.

Auf die existenzielle Bedeutung der Religion hinweisend, schreibt der Chicagoer Religionssoziologe Martin Riesebrodt:

> Der Deutungs- und Sinngebungszwang der menschlichen Gattung zeigt sich besonders deutlich in Krisensituationen, bei Gefahren und Risiken, beim Zusammenbruch sozialer, moralischer und kognitiver Strukturen, wenn Menschen besonders dramatisch mit ihrer eigenen Macht- und Hilflosigkeit konfrontiert werden.[18] [...] Historisch waren es in der Regel die Religionen, welche das chaotische Potenzial von Krisen in Ordnungsvorstellungen transformiert haben. Religionen haben das Vertrauen in die Fähigkeit sozialer Gruppen geschaffen bzw. artikuliert, Krisen zu vermeiden oder zu bewältigen, wenn sie eingetreten sind. Als Ressource für die Prävention und Bewältigung von Krisen dient Religion gleichermaßen individuellen wie kollektiven existenziellen Bedürfnissen.[19]

Dank ihrer religiösen Veranlagung waren die Menschen nie nur auf ihr eigenes Gutdünken angewiesen. In Zweifelsfällen konnten sie sich immer auch von religiösen Vorgaben und religiösem Wissen leiten lassen und dadurch zu einem annähernd daseinsgerechten Verhalten finden. Heute jedoch ziehen wir es vor uns von der eigenen Einsicht leiten zu lassen. Selbstbewusst möchten wir unser Lebensheil auch selbst verantworten.

„Das wissenschaftliche Denken ist [...] eine vollkommenere Form des religiösen Denkens. Es scheint also nur natürlich zu sein, dass dieses allmählich in dem Maß gegenüber dem ersteren zurücktritt, wie das wissenschaftliche Denken fähiger wird, sich der angesprochenen Aufgabe zu entledigen“,[20] findet der französische Soziologe Emile Durkheim. Unser wach werdendes und sich weitendes Bewusstsein übernimmt schrittweise die Rolle unserer uns unbewusst, intuitiv, führenden Religiosität, wobei diese für uns als Art nach wie vor von existenzsichernder Bedeutung bleibt. Mit dem Wachsen unserer verstandesmäßigen Erkenntnis und moralischen Integrität verlassen wir uns zunehmend auf Vernunft und Einsicht, auf das Erkennen der Herausforderungen, vor denen wir in der Welt stehen und auf das Erkennen unserer Möglichkeiten, diesen gerecht zu werden. Unsere Bestehenschancen bleiben jedoch nicht allein unserer Einsicht überlassen, vielmehr gründen sie in der in uns angelegten und sich intuitiv in unserer Religiosität äußernden Erfahrung unserer Art.

Die Ursache der religiösen Phänomene ist nach Carl Gustav Jung, dem bedeutenden Schweizer Psychiater, Psychotherapeuten und Kulturpsychologen, „die Abhängigkeit des bewussten Lebens vom Unbewussten,“ von dem sich immer wieder in Einfällen und Intuitionen meldenden Unterbewusstsein. Das menschliche Geistig-Seelische beschreibend erläutert Jung:

> Wie der menschliche Körper über alle Rassenunterschiede hinaus eine gemeinsame Anatomie aufweist, [so besitzt] auch die Psyche jenseits aller Kultur- und Bewusstseinsunterschiede ein gemeinsames Substrat, das ich als das kollektive Unbewusste bezeichnet habe.[21]

Das der Religion zugrunde liegende „religiöse Gefühl“ entspringt dem menschlichen Unbewussten und ist die Manifestation der Rückbindung an die sich unbewusst, intuitiv, äußernde und als kollektives Unbewusstes in uns allen schlummernde Lebenserfahrung der Spezies Mensch. Diese Rückkoppelung, über das kollektive Unbewusste und die in den religiösen Lehren niedergeschlagene Lebenserfahrung, ist die lange Leine die uns Menschen, unsere Einsicht und Vernunft ergänzend, auf dem Weg des Erfolgs hält. Beim antizipieren dieses Weges verquicken sich sich Intuition und Vernunft.

Das visionäre Ziel, das die religiösen Lehren den Gläubigen in Aussicht stellen, der Lohn der Ewigkeit, ist an einen tadellosen moralischen Lebenswandel gebunden. Die Gläubigen sind also gefordert, sich zu bemühen – an sich selbst zu arbeiten – um den vorgegebenen Verhaltensweisen und Pflichten zu genügen. Ihr Bestreben, den religiösen Werten und Idealen gerecht zu werden, dient im Endeffekt der eignen Verwirklichung und dem Wohlergehen der Gemeinschaft. Daran wird deutlich was die Religion, trotz allen Missbrauchs, über Jahrtausende hinweg an Positivem leistet, und dass sich der Mensch, eingebunden und beheimatet in religiös-sozialen Gemeinschaften, auf seinem evolutionären Entwicklungsweg im bewahrenden und zur Selbstverwirklichung führenden Geleit der Religion, „in göttlicher Fürsorge," befindet. Die Schöpfungsmythen sind der Ausdruck dieser intuitiv-religiösen Erfahrung. Sie vermitteln uns das Bild einer sinngefügten Welt in der alles dem Walten der ordnenden Schöpfungsmacht unterliegt, die Schöpfung und Geschöpf ins Dasein gerufen hat und auch darin erhält.

Religion und Glaubenswirklichkeit

Auch wenn wir uns heute kaum noch an die Anfänge unserer Geschichte und in die Lage unserer frühen Vorfahren versetzen können, so können wir uns dennoch gut vorstellen, dass die für sie unerklärlich bleibenden Naturereignisse bei ihnen dunkle Ahnungen und ungute Gefühle weckten. Diese führten bei unseren fernen Vorfahren zu dem unterschwelligen Bewusstsein, dass die sichtbare Welt da nicht aufhört, wo sie nicht mehr wahrzunehmen ist, sondern dass da erst das Reich unheimlicher Mächte beginnt. Zaghaft die Welt entdeckend, fühlten und wussten sich unsere Urahnen von diesen höheren Mächten, deren

Walten sie in allem undurchschaubaren und für sie oft tragisch ausgehenden Geschehen erblickten, abhängig. Um sich diesen Mächten schutzsuchend zuwenden und sie durch die Erweisung von Untertänigkeit und Ehrerbietung gnädig stimmen zu können, wurden diese benannt und mit unzugänglichen Orten, wie Berggipfel, Sonne oder Mond in Verbindung gebracht. Die umstandsspezifische Lebensbedrohung führte zu lokalspezifischen Gottheiten und die Todernsthaftigkeit der Naturgewalten zur Todernsthaftigkeit der religiösen Praktiken.

Kennzeichnend für das Anliegen der Menschen sich dem Beistand einer höheren Macht anzuvertrauen, sind die unzähligen, alle Lebenslagen abdeckenden, religiös-magischen Rituale und Zeremonien. Der Lebensbewältigung dienend sind uns viele davon, wenn auch in Form und Inhalt verändert, erhalten geblieben und werden in Freud und Leid, bei Festen und in Nöten noch heute praktiziert. Das Gefühl der „schlechthinnigen Abhängigkeit“ (Schleiermacher) von einer unnahbar-höheren, Ehrfurcht erweckenden Macht nötigte die Menschen zu einem ihrem Zusammenleben dienlichen Verhalten. Dazu, ihr Handeln und Verhalten an den höchsten vorstellbaren Erwartungen dieser Macht zu messen um, ihr Genüge tuend, sich ihr Wohlwollen zu sichern, sodass sie in Not und Lebensangst, im und durch das Zelebrieren von Ritualen, auf den Beistand und die Hilfe dieser höheren Macht hoffen konnten.

Die mythische Wirklichkeit wird in den religiösen Ritualen neu erfahrbar, erlebbar, sie wird in den die Rituale (als „Ausdruckshandlung,“ L. Klages) zelebrierenden Menschen lebendig. Dabei werden bei den Beteiligten, die das Geschehen angespannt verfolgen, bewältigende und sich gegenseitig potenzierende psychische, ihrem inneren Erleben Ausdruck verleihende Kräfte, geweckt und freigesetzt. Es ist also nur verständlich, dass die religiöse Erfahrung, gerade durch ihren irrationalen, gefühlsbestimmten Inhalt, schon seit ältesten Zeiten zur Auswegserfahrung aus Notlagen wurde. Wenn im Vollzuge religiösen Handelns das ganze logische Denken von den Gefühlen überschwemmt ist, macht das Walten der Gefühle möglich, was „logisch“ unmöglich ist.

Die Zusammenhänge unseres Fühlens, Denkens und Tuns fanden ihren Niederschlag in der religiösen Magie, die Tatsache unserer psychisch-physiologischen Beschaffenheit widerspiegelnd. Unser Körper muss, z.B., auf Wärme oder Kälte ausgleichend reagieren um sein biologisches Gleichgewicht zu wahren. Dieser Prozess des An- und Ausgleichs führt zu physiologischen Veränderungen in unserem Körper, die – uns mehr oder weniger bewusst – von dazugehörigen Gefühlen und Empfindungen begleitet werden. Diese Gefühle und Empfindungen sind die Reaktionsmuster stattfindender Veränderungen unserer physiologischen Wirklichkeit, sie zeugen von den Veränderungen in unserem Körper. Umgekehrt führen auch die von lebhaften Vorstellungen geweckten Gefühle und Empfindungen beim Vollziehen kultisch-ritueller Handlungen, vor den die äußere Wirklichkeit wiedergebenden Gefühlen und Empfindungen den Vorrang gewinnend, zu den ihrem Reaktionsmuster entsprechenden Veränderungen in unserem Körper. Maßgebend für die sich einstellenden Veränderungen – dafür, dass und inwieweit unsere Glaubensvorstellung tatsächliche, mehr oder weniger ausgeprägte Wirklichkeit wird – ist unsere Glaubens-, Motivations- und Vorstellungskraft und die Reaktions- und Leistungsfähigkeit unserer körpereigenen Regel- und Anpassungssysteme. Im Gegensatz zu hinterfragbarem Wissen ist der Glaube spontane, intuitive Gewissheit aus einem Gefühl innerer Überzeugung und damit schon die im Vollzug begriffene Erfüllung des Geglaubten. Geben wir uns zum Beispiel unseren Gefühlen hin, so erscheint in unserem Gesichtsausdruck unser wahres Inneres. Das Geistige, unser Denken, modelliert das Körperliche, positiv wie negativ.

Alle Religionen verweisen auf ein geistiges Jenseits. Das kann kein Zufall sein, sondern vielmehr die Manifestation einer aus der Tiefe des menschlichen Wesens aufsteigenden Urahnung, wie auch die Folge spiritueller Erfahrung. Aber wo ist dieses Jenseits zu finden? Und wo die trennende Grenze vom Diesseits? Diesseits und Jenseits sind ineinander verwoben, nur unser zergliederndes Denken versucht Grenzen zu ziehen. Hinter, genauer, in der Tiefe der uns umgebenden stofflichen Wirklichkeit webt und wirkt eine nicht minder reelle feinstofflich-geistige Wirklichkeit. Das diese geistige Wirklichkeit nicht nur eine reelle, sondern auch die primäre ist, das ist es was die Religionen zum Ausdruck bringen und worauf sich die Glaubenshandlungen stützen. *Ausgerichtet auf die geistige, allem Dasein zu Grunde liegende Wirklichkeit und uns mit dieser konfrontierend, fördern die Religionen das daseinsgerechte Verhalten unserer Art.* Die Glaubenshandlungen sind zwar mehr oder weniger irrational, dienen aber für gewöhnlich vernunftbedingten Zwecken.

Der Humanismus als Religionsersatz

Schon seit frühesten Zeiten wird religiöses Wissen vermehrt und weitergegeben. Religionsgründern folgte die Verabsolutierung ihrer Lehren und die Institutionalisierung, und auch Instrumentalisierung der Religion. Festgeschrieben und zum Gesetz erhoben, entbehrten nun ihre haltbietenden Wahrheiten die jeweils neu zu erlebende Erfahrung. Aber auch die Vielfalt und Unterschiedlichkeit der in der Welt vertretenen religiösen Ansichten trägt dazu bei, dass religiöse Wahrheitsansprüche bezweifelt und bestritten werden. Diese unbefriedigende Sachlage führte zu der Suche nach Wahrem und Verlässlichem außerhalb religiöser Vorstellungen und zum Aufkommen eines, an die Ideale der antiken griechischen Kultur anschließenden, humanitären Denkens. Diese sich am Menschen orientierende Betrachtungsweise führte bei Nietzsche zur Verabsolutierung des Menschen und im Marxismus zur Verabsolutierung gesellschaftlichen Seins.[22] Der Humanismus führt also in das der Religion entgegengesetzte Extrem. Das sich zwischen den beiden Extremen ausdehnende Feld der Wahrheit wird in seiner vollen Breite für uns fruchtbar, wenn wir die nicht zu haltenden religiösen Absolutheitsansprüche aufgeben, bzw. relativieren und uns wieder der Religion, als deren Gegenüber der Humanismus erwachte, zuwenden um das Unbedingte – worauf die Religion verweist – vor das Humane zu stellen und das Humane am Unbedingten zu orientieren. Es geht also darum:

> [...] die Transzendenz wieder in die Welt zurückzuholen, die Kommunikation mit dem Unbedingten wieder herzustellen, worauf Gerhard Sczesny zitiert von Albert Stüttgen hinweist. [Denn] [...] die Wahrheit [...] [ist], dass das Sein, das den Menschen hervorbringt, umgibt und wieder zurücknimmt, in seinem ganzen Umfang und in seiner ganzen Tiefe nur in einer emotionalen, nicht in einer rationalen Zuwendung vergewissert, erlebt und erfahren werden kann. Religiös sein heißt begreifen, dass alles Erkennbare in einem Unerkennbaren, alles Bedingte in einem Unbedingten wurzelt.[23]

Mythos und Realität

Um dem Wesen der Religion näher zu kommen, müssen wir in Betracht ziehen, dass das religiöse Leben die Welt der mythischen Geschehnisse auf der Bühne der realgeschichtlichen Welt reproduziert. Wir haben es hier also immer mit zwei nicht zu trennenden, nebeneinander bestehenden und sich ergänzenden Wahrheiten zu tun: der Mythischen und der Geschichtlichen. In den heiligen Schriften, so auch in der Bibel, gehen geschichtliche Tatsachen und mythische Glaubenstatsachen ineinander über. Dabei erklären und begründen die Glaubenstatsachen der heiligen Geschichten das für den Verstand Undurchschaubare, die sich intuitiv dem gefühlsnahen Erleben offenbarende Wirklichkeit. Einer mythischen Wirklichkeit, der die religiösen Feste und die kultisch-magischen Rituale und Zeremonien Ausdruck verleihen.

> Ein großer Mythos ist weniger ein Mittel letztgültiger Erklärung als ein Mittel zum Ordnen von Erfahrung. Als

solcher ist er eines der Werkzeuge des Unbewußten, so wie die Komponenten irgend eines logischen Systems Werkzeuge des bewußten oder rationalen Geistes sind. Der Mythos ermöglicht es uns also, mit der nicht-rationalen Erfahrung auf ordentliche Weise umzugehen.[24]

Diese nicht-rationale Erfahrung wird im Mythos zu religiöser Heilsgeschichte. In der Wiederholung und im Nachvollzug des heiligen Geschehens wird die Heilserfahrung der Vergangenheit für alle davon Ergriffenen und in die mythische Welt Hineingezogenen neu erlebbar. „[...] der Mythos war ein Wirkliches für den, der [...] religiös fühlte [...]. Der Mythos ist die sakrale Darstellung der höchsten Wirklichkeit,“[25] schreibt der italienische Philosoph Ernesto Grassi.

Die religiös eingenommenen, die Weltwirklichkeit mythisch erlebenden Menschen waren – in dieser mythischen Wirklichkeit lebend – eins mit dem sie bergenden und ihr Lebensheil gewährleistenden Weltganzen. Dagegen ist der heutige, realitätsbewusst lebende, Vernunftmensch von seiner Realitätsbewusstheit daran gehindert mythischen Vorstellungen zu folgen und muss mittels seiner Vernunft, die ihn zu Einsicht und Erkenntnis befähigt, sein Lebensheil selbst verantworten. Die Schwierigkeit dabei ist, dass die Vernunft, Orientierung suchend, die Welt in ihrer Unüberschaubar- und Unermesslichkeit nicht zu fassen vermag, wohl aber – in sich weitenden Grenzen – das sich in ihr abspielende Entwicklungsgeschehen. Und die Vernunft sagt uns, dass wir diesem die Welt bedingenden Entwicklungsgeschehen unterliegen und dass auch unser Heil und Wohlergehen davon abhängig ist, dass wir uns mitentwickeln, um nicht vom Geschehen überrollt zu werden.

Im Leben der Menschen haben sich Realitätsbewusstheit und mythisches Denken immer ergänzt. So bewirkt auch die wachsende Einsicht, die der Erkenntnisfortschritt bringt, nicht nur die „Entzauberung der Welt“ (Max Weber), vielmehr lässt uns das Durchschauen des mythisch-magisch-religiösen Denkens seine Verwurzelung im geistigen Urgrund unserer Welt erkennen. Die Unergründbarkeit dieses Urgrundes lädt dazu ein an einen Schöpfergott zu glauben.

Lehrmeinung und Glaubenserfahrung

Der tief verwurzelte Gottesglaube, die Ernsthaftigkeit der religiösen Handlungen und Zeremonien und die Altehrwürdigkeit der religiösen Lehren begründen die Autorität der Religion und machen ihre Lehren zu Gesetzen bei deren Einhaltung mit dem Lohn Gottes, und anderenfalls mit seiner Strafe zu rechnen ist. Die Religionen und ihre Lehren widerspiegeln, verdichtet und in jeweils eigener Weise, religiöse Erfahrung. Entsprechend sind auch die erhobenen Absolutheitsansprüche nicht ganz unbegründet, weil sie die existenzielle Gebundenheit der Gläubigen an die ihnen Halt bietenden und daher für unumstößlich gehaltenen religiösen Wahrheiten ausdrücken. Nun müssen sich diese Halt bietenden Wahrheiten immer wieder neu bewähren, denn das Leben kennt keinen Stillstand. Mit den wechselnden Lebensumständen im Verlauf der Menschheitsgeschichte durchlaufen auch die Religionen eine Entwicklung. Frühere Erfahrungen werden von späteren ergänzt und relativiert, wodurch auch die festgeschriebenen Wahrheiten erneuerungsbedürftig werden. Die Bemühungen, solche Unstimmigkeiten zwischen der aktuellen Lebens- und Glaubenserfahrung und der festgeschriebenen Lehrmeinung zu Gunsten der Tragfähigkeit des Glaubens zu bereinigen, führten nicht nur im Christentum zu wiederholten Aktualisierungsversuchen der Lehrmeinung und damit auch zu religiöser Spaltung und Zersplitterung.

Die Tatsache, dass religiöse Lehren an existenzieller Bedeutung verlieren, wenn sie nicht immer wieder aufs Neue durch die Erfahrung als tragend bestätigt werden, hat mit dazu beigetragen, dass die christliche Lehre, an das Wesentliche einer langen und vielseitigen religiösen Erfahrung anschließend, überholte Glaubensvorstellungen ablösen konnte. Die revolutionären Forderungen dieser Lehre, auf Rache zu verzichten und in Erwartung des kommenden Gottesreiches als Brüder und Schwestern in Liebe miteinander zu leben, haben bis heute nichts von ihrer Aktualität eingebüßt.

Der Heilbringer

Es geht in allen Heilsgeschichten um die Erlösung von allem Leidbringenden und Bösen, Lebensbedrohenden und Lebenshemmenden, letztlich um die Überwindung von Stagnation. Hindernisse wegräumend beschreitet und führt der Heil und Erlösung Bringende den gangbaren Weg. Er kämpft gegen das Böse in der Erscheinung eigener innerer und äußerer Bedingtheit. Dabei vergewissert er sich der Präsenz helfender Kräfte, indem er sich im Gebet (Jesus), oder in der Meditation (Buddha) in die geistige Gegenwart des Unbedingten begibt. Dieser Kampf mit sich selbst führt zum wachsen seiner moralischen und geistigen Größe, die den Erlöser für das Unbedingte transparenter – und für die Menschen seiner Umgebung wahrhaftiger – und schließlich zur Wahrhaftigkeit und Unbedingtheit in Person werden lässt. Seine einmalige Wahrhaftigkeit überzeugt und bezeugt auch die Stichhaltigkeit seiner Lehren. Erlöser verkörpern das, wofür sie einstehen, darin beruht ihre Autorität und Akzeptanz.

Das Christentum

Auch das beeindruckende Wirken Jesu ist damit zu erklären, dass die frohe Botschaft, vom „Reich Gottes," das „nahe bei" und „in euch"[47] ist, die Jesus verkündete und mit dem Vollbringen von Wundern auch bezeugte, seiner persönlichen Erfahrung entsprach. Der unmittelbaren Erfahrung *der Gegenwärtigkeit des göttlichen Reiches geistigen Seins.*

> [... Die] Menschen trafen in ihrer Begegnung mit diesem Mann auf die Macht und Wirklichkeit Gottes, eine Wirklichkeit, die sie befähigte, anders zu empfinden, zu verstehen und zu handeln wie zuvor. Sie hatten nun Hoff-

nung – für dieses Leben und für das nächste. Eine solche erlösende Jesus-Erfahrung war ein Offenbarungserlebnis. Jesus machte sie mit etwas bekannt, was nicht nur ihren Geist befriedigte, sondern auch ihr ganzes Dasein transformierte,[26] schreibt der Religionswissenschaftler Paul F. Knitter von der Xavier University.

Unter dem Eindruck des Außergewöhnlichen, das sie unmittelbar erlebt hatten und davon befähigt, konnten die Jünger Jesu aus überquellendem Herzen und mit überzeugender Wahrhaftigkeit von diesen Erlebnissen berichten, und dadurch auch die Botschaft von dem im Kommen begriffenen Reich Gottes (Markus 1,15) glaubwürdig verkünden.

Die Bedeutung Jesu für die ersten Christen, ihr Empfinden und das mythische Denken ihrer Zeit, kleideten den geschichtlichen Jesus in ein mythologisches Gewand. Jesus wird zur Inkarnation Gottes und auf dem Konzil von Nikäa 325 n.Chr. Gott gleich gestellt. „Auf dem Konzil von Chalkedon 451 n.Chr. […] erklären die versammelten Bischhöfe, die göttliche und menschliche Natur Jesu Christi für >unvermischt, unverwandelt, ungetrennt und ungeschieden<."[27] „Was der Mensch ist, beziehungsweise letzten Endes sein soll, ist in der Offenbarung Gottes als Mensch offenbar geworden."[28]

Es liegt in der Natur der Sache, dass auch die christlichen Glaubensansichten nicht unumstritten sind. Darum wäre etwas mehr Verständnis für einander und die jeweiligen Meinungen angebracht und auch den Vertretern aller anderen Glaubensrichtungen zu empfehlen. Alle stehen doch vor dem Unbegreiflichen und versuchen, dieses mit eigenen Formulierungen in Begriffe zu fassen um es ihren Anhängern, zu deren Leib und Seelenheil, begreiflich zu machen. Unbegreiflich bleibt auch die Auferstehung Jesu. Nach Mark. 16, 9 und 16,12, Luk. 24, 31, Joh. 20,19 und I. Petr. 3,18 ist Christus […] getötet nach dem Fleisch, aber lebendig gemacht nach dem Geist.

Wie das Neue Testament berichtet ist Jesus seinem Selbstverständnis (seinem Auftrag), für die im Dunkeln wandelnden Menschen Licht und Rettung zu bringen, treu geblieben. „Ich bin das Licht der Welt. Wer mir nachfolgt, wird nicht wandeln in der Finsternis, sondern wird das Licht des Lebens haben“ (Joh. 8,12). Er hat sein Leben gegeben, aber keinen Zweifel an der Wahrhaftigkeit seiner Botschaft aufkommen lassen: „Ich bin dazu geboren und in die Welt gekommen, dass ich für die Wahrheit zeugen soll“ (Joh. 18,37). „Ich bin der Weg die Wahrheit und das Leben [...]“ (Joh. 14,6). Der aufgezeigte Weg, der Wahrheit und der Liebe, ist für alle Menschen der Weg heilvollen Lebens. Der heilbringende Erlöser, der die Liebe, den Geist des Guten verkörpert, überwindet auch den Tod. Die Macht des Guten trägt letztlich den Sieg davon, denn sie ist unsterblich. Jesus ist mit seiner Botschaft, mit seinen Gleichnissen und Wundern in die Mythologie eingegangen.

Das kommende Reich

„Tut Buße, denn das Himmelreich ist nahe herbeigekommen!“ (Matth. 4,17) Das war die frohe Botschaft, die Jesus seinen Landsleuten verkündete. „Tut Buße“, bedenkt und ändert euer Verhalten, damit ihr dem Himmelreich gerecht werdet. Seid achtsam, liebet eure Nächsten wie euch selbst, auch eure Feinde und bleibt nicht der Rache, dem Reichtum und dem Recht nach dem Gesetz verhaftet, denn die Liebe ist das oberste Gesetz im Himmelreich und auf Erden. Kehret um, denn auf dem von euch eingeschlagenen bequemen, „breiten Weg“ durch die nicht zu verfehlende „weite Pforte“ kommt ihr nie aus dem Tal eurer Angewohnheiten – die euch langsam zum Verhängnis werden – heraus. „[...] die Pforte ist eng, und der [Aus-] Weg ist schmal, der zum Leben führt“ (Mt. 7,13-14). Diesen mit Anstrengung verbundenen Weg, der Neubesinnung und Selbstüberwindung, führt und lehrt Jesus wenn er seine Zuhörer anweist zu beten: „Unser Vater im Himmel! [...] Dein Reich komme. Dein Wille geschehe auf Erden wie im Himmel [...]“ und sie ermahnt: „Ihr sollt nicht [materielle] Schätze sammeln auf Erden [...].“ Denn darauf ist kein Verlass, sie sind vergänglich und leicht zu verlieren. „Sammelt euch aber Schätze im Himmel [...]." Mehrt aber die Schätze eures Geistes. Schätze die der Ewigkeit gerecht werden kann euch niemand nehmen, auf die ist Verlass im Himmel und auf Erden. „[...] wo euer Schatz ist da ist auch euer Herz. [Darum] Trachtet am ersten nach dem Reich Gottes [nach dem Reich des Geistes] und nach seiner [der Liebe] Gerechtigkeit, so wird euch solches alles [was ihr zum Leben bedürft] zufallen (Mt. 6,9-10 u. 19-21 u. 33). Und wie ihr wollt, dass euch die Leute tun sollen, also tut ihnen auch (Lk.6, 31). [...] und seid gleich Menschen, die auf ihren Herrn warten [...]" (Lk. 12,36) und darum, auch seine Anweisungen befolgen.

Seit dieser Zeit warten die Christen, dass sich die von Jesus verkündete frohe Botschaft vom Kommen des Reiches Gottes erfülle. Dabei ist es gerade diese uns als Christen ausrichtende Erwartung, diese uns zu einem Leben nach der Lehre Jesu verpflichtende Erwartungshaltung, die dem Kommen des Reiches Gottes den Weg ebnet. In seiner Doktorarbeit (Univ. Basel, 1995) *„Jesus ist Sieger!" bei Christoph Friedrich Blumhardt*, schreibt Hee-Kuk Lim: „Die Wahrheit erweist sich als das richtige [das tagtägliche] Leben, das sich zum Gottesreich auf Erden entwickelt." In der Vision vom Reich Gottes leuchtet die Finalität menschlichen Daseins auf. Die konkurrierenden „Reiche" sind in weltweiter Kooperation aufgegangen. Übrig geblieben ist nur ein Reich, das der Liebe und des Verwirklichens unserer höchsten (göttlicher) Ideale.

> „Die Bedeutung [...] [einer] Hinsicht auf ein letztes Ende", schreibt der Philosoph Karl Löhwith, „besteht darin, dass sie ein Schema fortschreitender Ordnung und Sinnhaftigkeit bereitstellt, das die antike Furcht vor fatum und fortuna überwinden konnte. Das Eschaton setzt dem Verlauf der Geschichte nicht nur ein Ende, es gliedert und erfüllt ihn durch ein bestimmtes Ziel [...]. Dem Kompass vergleichbar, der uns im Raum Orientierung gibt und uns befähigt, ihn zu erobern, gibt der eschatologische Kom-

pass Orientierung in der Zeit, indem er auf das Reich Gottes als letztes Ziel und Ende hinweist. Nur innerhalb dieser eschatologischen Umgrenzung wurde die Geschichte auch universal.“[29]

Der in ein Gottesreich einmündende Weg menschlicher Vervollkommnung, den uns Jesus führt, ist der Weg der Fühlungsnahme mit dem Unbedingten und des Aufgehens menschlichen Wollens im göttlichen Willen. Es ist der jeweils individuell zu beschreitende Weg der Meditation und des Gebets, des sich Zurücknehmens und des Gewahrwerdens eines sich auftuenden geistigen Seins.

Zur christlichen Mythologie und Heilserwartung

Das mythische Weltverständnis, in das bedeutende Erlebnisse und Erfahrungen übertragen wurden, sowie die alttestamentlichen Schriften und das darin prophezeite Kommen eines Erlösers (Jesaja 9,1-6, u. 59,20) waren der Nährboden für die Entstehung des christlichen Glaubens. Das Heilsgeschehen christlicher Prägung entfaltet sich aus dem alttestamentlichen Geschehen heraus und knüpft mit der Ankündigung des erwarteten Erlösers und „Befreiers“ daran an. Doch die Befreiung, die dieser Nachkomme aus dem Hause Davids brachte, war nicht wie erwartet, die von der Fremdherrschaft, sondern eine viel nachhaltigere, der Aufbruch zu einem befreienden Denken und Handeln.

Das neue Testament berichtet von den Wundern um die Geburt und das Leben Jesu. Diese Wunder sind, wie auch bei andern Religionsgründern, Zeichen seiner Auserwähltheit. Jesus, Gottes Sohn (Luk.1,35), kommt als der Retter (Matt.1,21) zu den im Dunkeln wandelnden und ihr Lebensheil verfehlenden Menschen. Seine Geburt wird von einem Engel angekündigt und er wird von einer Jungfrau geboren, wird Lehrer und Heiler der Menschen. Missverstanden und angefeindet wird er Opfer der allgegenwärtigen, gnadenlos waltenden menschlichen Uneinsichtigkeit und Willkür. Schon Adam und Eva hatten sich nicht an

Gottes Weisung gehalten und ebenso wenig ihre Nachkommen an die Zehn Gebote. Seiner Lehre entsprechend aller Willkürlichkeit absagend, „nicht mein, sondern dein Wille geschehe“ und ergeben Leid und Spott ertragend, bleibt Jesus dem göttlichen Gesetz der Liebe bis in den Tod treu. Vom Tode auferstanden erscheint Jesus, der gekreuzigte Gottessohn, seinen Jüngern und sendet sie aus seine Lehre allen Völkern zu verkünden (Markus 16,15). „[...] aufgehoben gen Himmel […]“ (Markus 16,19); sendet der Auferstandene den Heiligen Geist auf seine Jünger herab damit er sie und alle die in seiner Nachfolge stehen geleite.

Die christliche Mythologie ist ein einnehmendes Geschehen, verbunden mit der Aufforderung uns dem Gottessohne und seiner Lehre anzuvertrauen, um an der Hand dessen der den Teufelskreis der Willkür und des Lebensbehindernden durchbrochen hat, diesem ebenfalls zu entkommen. Jesus führt uns den Weg der menschlich-göttlichen Ver-Söhnung.

Der christliche Heilsweg

Die Sünde, das Schlechte und zerstörerisch Wirkende, das wir zu verantworten haben, behindert unsere freie Entfaltung wie auch die unseres Umfeldes. Sobald uns das bewusst wird und wir unser Verhalten bereuen und ändern, ist unsere Schuld ausgelöscht. Ausgelöscht in dem Sinne, dass uns bereute Schuld nicht mehr zurückbindet, erneut schuldig zu werden. Wir haben uns darüber erhoben. „Wenn wir aber unsere Sünden bekennen, so ist er [Gott] treu und gerecht, dass er uns die Sünden vergibt und reinigt uns von aller Untugend“ (1,Joh.1,9). „[... Ich] bekannte dir meine Sünde, und meine Schuld verhehlte ich nicht. [...] Da vergabst du mir die Schuld meiner Sünde“ (Psalm 32,5). Unsere Schuld einsehend und bereuend werden wir frei für einen Neuanfang.

Jedoch, unvollkommen wie wir sind, können wir auch bei bester Absicht, wie uns unser Gewissen bestätigt, Gott nicht völlig gerecht werden. In dieser Seelennot, im Bewusstsein unserer Unzulänglichkeit, können wir vor Gott nur durch seine Gnade und auf seine Güte bauend gerecht werden. An Gottes Güte und Gnade glaubend, dürfen wir uns seinem Wohlwollen anvertrauen. Uns immer wieder die Güte unseres sich, trotz allen Fehlens und Versagens, nicht von uns abwendenden, sondern uns täglich neue Chancen einräumenden Gottes vor Augen führend, wächst in uns zusammen mit der Güte die sich in unserem Gemüt breit macht auch das Gefühl von Gott angenommen zu sein. „Unser Trost ist der, dass wir ein gutes Gewissen haben […] [indem wir] uns befleißigen, guten Wandel zu führen in allen Stücken“ (Heb. 13,18).

Nun besagt aber der christliche Mythos, dass uns Gott nicht nur wohlwollend betrachtet, sondern uns, als im Dunkeln Wandelnden, auch gnädig entgegengekommen ist und seinen Sohn (Luk. 1, 35) als Retter (Matt. 1, 21) in die Welt gesandt hat. Durch Jesus will uns Gott selbst auf den Weg des Lebens führen. So sind auch die Worte Jesu zu deuten, wenn er sagt: „Ich bin das Licht der Welt. Wer mir nachfolgt, [...] wird das Licht des Lebens haben“ (Joh. 8, 12). Ihm folgend und an ihn glaubend, nehmen wir das Gnadenangebot Gottes an. Und zu glauben bedeutet, ganz in der Wahrheit und dem Erleben des Geglaubten aufzugehen. Von seinem Glauben getragen schreibt der Apostel Paulus: „Ich lebe; doch nun nicht ich, sondern Christus lebt in mir“ (Galater 2.20). Und aus Erfahrung kann Paulus bestätigen: „[…] ist jemand in Christus, so ist er eine neue Kreatur; das Alte ist vergangen, siehe, es ist alles neu geworden!“ (2 Kor. 5. 17)

Und Paulus schlussfolgert: „[…] gleichwie durch eines Menschen [Adams] Ungehorsam viele zu Sündern geworden sind, so werden auch durch eines [Jesu] Gehorsam viele zu Gerechten“ (Römer 5,19). Mit den vielen Gerechten kommt auch viel Gerechtigkeit in die Welt und damit langsam auch das Reich Gottes.

Glaubenserfahrung ist Lebenserfahrung

Im religiösen Wort schwingt Ergriffenheit mit. „Die religiöse Sprache ist eine ganzheitliche Sprache, die uns für das letzte Anliegen des Menschen aufschließt. [...] Sie ist eine Erlösungssprache, die direkt zum Heil und Mysterium hinzielt.“[30] „Entweder ist sie Kommunion oder sie ist keine religiöse Sprache, sondern nur Kommunikation, Dogmen, Lehren,“[31] sagte der spanische röm.-kath. Priester und Professor der Religionsphiloslphie Raimon Panikkar im Gespräch mit dem Quantenphysiker Hans-Peter Dürr. Was die Lehren betrifft, so beruhen diese auf alter, uns fremd gewordener Erfahrung, [...] „unser gegenwärtiges Christentum krankt an einem Mangel an gegenwärtiger Erfahrung, und nichts ist so dringend wie dies, daß wir die Quelle der eigenen religiösen Erfahrung finden und öffnen,“ schreibt Dr. Jörg Zink in seinem Buch „Dornen können Rosen tragen,“ das den Untertitel trägt „Mystik – die Zukunft des Christentums.“[32] „[...] wahr ist es, daß kein noch so mächtiger Beweisgrund jemals zur totalen und rigorosen Gewißheit führen kann, wie sie nur aus praktischen und affektiven Gründen hervorgeht ohne dabei ein theoretisches Fundament gefunden zu haben,“[33] so der Philosoph und Soziologe Lucien Goldmann.

Es ist also kein Zeichen der „Aufklärung“, dass heute viele Menschen mehr aus Tradition als aus Überzeugung Christen sind, vielmehr liegt das – wofür auch die niedrigen Gottesdienstbesucherzahlen und die Kirchenaustritte sprechen – an einem für motivierende Glaubenserlebnisse meistens viel zu seichten religiösen Leben. Dahingegen nehmen große Sport- und Musikveranstaltungen oftmals religiösen Charakter an, wenn die von überschwänglichen Gefühlen getragene Stimmung die Menschenmenge zu einer Fangemeinschaft eint, mit der sich der einzelne identifiziert und von diesem Erlebnis bestätigt und erbaut wird.

„Das Leben hat die ewige, nie ganz zu stillende Sehnsucht nach dem Erlebnis. Nicht der Intellekt mit seinen Klarsichten, sondern das Erlebnis mit seinen Antrieben fesselt, ergreift und aktualisiert das Leben,“[34] schreibt Pfarrer A. Krauskopf auf die gemeinschaftsstiftende Kraft der Religion und des religiösen Erlebnisses hinweisend. Das Gemeindeleben rund um die Kirchen und die rituelle Begleitung in Freud und Leid, von der Wiege bis zur Bahre, hat neben dem religiösen Aspekt eine nicht zu unterschätzende gesellschaftliche, gemeinschaftsbildende, Komponente.

Mit weithin schallendem Glockengeläut laden die sonntäglichen Gottesdienste jedes Mal aufs Neue dazu ein, Gemeinschaft und Erbauung im Glauben zu finden. Die Kirchen bieten das begünstigende Umfeld dafür. Sie sind als Gott geweihte Heiligtümer und durch die in ihnen oft über Jahrhunderte stattgefundenen religiösen Handlungen zu mystischen Stätten, Orten geistigen Erlebens geworden. Orte des In-sich-Gehens und des Bewegt-Werdens. Sie sind Orte, wo es deutlich wird, dass „der Mensch nicht vom Brot allein, sondern auch von Gottes Wort lebt“ (Matt. u. Lukas 4,4). Die vorwiegend monumentale Bauweise unserer Gotteshäuser umgibt sie mit einer Atmosphäre der Erhabenheit. Beeindruckende Skulpturen, Hinterglas- und Wandmalereien vergegenwärtigen heilige Geschehnisse. Das alles ist Ehrfurcht erweckend, wie auch die von leisem Sprechen kaum beeinträchtigte Ruhe dieser Orte. Und schließlich begünstigen auch die dezenten Lichtverhältnisse und die Akustik ihrer Räumlichkeiten ein gefühlsbetontes Erleben des, nicht selten von niveauvollen musikalischen Darbietungen umrahmten, Gottesdienstes. Die Feierlichkeit der liturgischen Zeremonien und die Ausstrahlung der sie Zelebrierenden tragen das Übrige dazu bei, den Gottesdienstbesuchern die Welt des Heiligen aufzutun und sie das Heilige erspüren zu lassen. Vom Heiligen ergriffen und erbaut von diesem Erleben, wird in den Menschen das Gute wieder mächtig und damit zur Grundlage einer gesunden Orientierung im Alltag und zur treibenden Kraft für ihr Tun und Lassen, wie auch zur Überwindung von Trübsal und Not.

„Religiöse Erlebnisse sind von seltener Werthoheit und treiben machtvoll in die Entscheidung religiöser und sittlicher Wertverwirklichung, die nur in der Gemeinschaft möglich ist,“[35] betont A.Krauskopf, sich auf W. Gruehns religionspsychologische Untersuchungen stützend. Noch nachhaltiger wirkt sich die Werthoheit der mystischen Erfahrung auf das Leben und den Lebensalltag des Mystikers aus. „Es entsteht hier jedesmal ein neuer lebendiger Wert für das Individuum: was ich mir innerlich ganz angeeignet, hat für mich entscheidenden Wert, ist der eigentliche Wert für mein Ich. Es trägt normativen, autoritativen Charakter, bindet und verpflichtet zugleich innerlich, indem es die Richtung der nächsten persönlichen Entscheidung im voraus festlegt.“[36] Der Mystiker kann gar nicht anders, als aus und in der Wirklichkeit und Wahrhaftigkeit des unmittelbar von ihm Erlebten zu leben. Geprägt von der Erfahrung der Gottesnähe wird er zu einem Emanationspunkt des Guten. Er wird von seinen Erlebnissen in die Pflicht genommen im Lebensalltag dafür zu stehen; wie Meister Eckhart, Jakob Böhme und viele andere, so auch Jörg Zink, wie auch Dorothee Sölle, die beide die Mystik als „die zukünftige Religion überhaupt“[37] bezeichneten.

Evelyn Underhill, eine der bedeutendsten Mystikerinnen des 20. Jahrhunderts beschreibt die Mystik als „die Kunst der Vereinigung mit der Wirklichkeit.“[38] Das Wesen der mystischen Kontemplation beschreibt sie als die Erfahrung „der Vereinigung mit dem Strom des Lebens, und [als die Erfahrung] der Vereinigung mit dem Ganzen, in dem alle geringeren Wirklichkeiten zusammengefaßt sind.“[39] Sie weist darauf hin, „daß die Mystik in ihrer reinen Gestalt die Wissenschaft von den letzten Dingen ist, die Wissenschaft der Vereinigung mit dem Absoluten, [...]“[40]

Die Glaubensverankerung in Gott, in der unmittelbar erlebten geistigen Nähe Gottes, führt zu der Erfahrung: bei Gott ist keine Not. Im Unbedingten aufgehend, ist der Mensch seiner menschlichen Bedingtheit enthoben. Die Erfahrung dieser Geborgenheit beschreibt Kirchenvater

Augustinus mit den Worten: „Du hast uns zu Dir hin erschaffen, und unruhig ist unser Herz, bis es ruht in Dir.“

> Die Erfahrung der Präsenz Gottes zeigt sich, [...] im Bewußtsein der Transzendenz des eigenen Erlebens. Andererseits geht dem religiösen Menschen in der Erfahrung vom Anwesen Gottes erst die volle Dimension des eigenen Lebens auf. Er erfährt sich nicht in der Rückwendung psychologisierender Selbstbespiegelung, sondern in der Hinwendung auf die göttliche Realität, die über alles Abmeßbare, Definierbare und dementsprechend Manipulierbare hinausreicht. Umgekehrt dokumentiert sich der Religionsverlust in der Abgewandtheit des Menschen von dieser Realität,[41] schreibt Dr. phil. Albert Stüttgen.

Der Religionsverlust dokumentiert die Abgewandtheit von der Realität schlechthin, denn letztlich verweist uns alles Erkennbare auf das Unerkennbare, in dem es wurzelt, und alles Zeitliche auf die Ewigkeit, die es hervorbringt und auch wieder zurücknimmt, vor der unsere Vernunft versagt. Die Vernunft kann also nicht zum Religionsverlust führen, sondern nur zum Zunehmen der Welterkenntnis und damit einhergehend – wie die Religionsgeschichte zeigt – auch dazu, dass die Glaubensansichten und Glaubenspraktiken dem Wandel unterliegen. Dem Wandel vom Götzendienst zum unsichtbaren Gott und schließlich zu der mystischen Erfahrung Gottes – vom Tabu, dem unbewussten Befangensein von religiösen Gefühlen zur bewussten religiösen Hingabe und weiter zum bewussten Erleben der uns bergenden göttlichen Wirklichkeit.

Die unterschiedlichen Ausprägungen der Religionen und des religiösen Lebens widerspiegeln also die, dem jeweiligen Weltverständnis und der darauf beruhenden Denklogik entsprechende, Art und Weise dem Glauben an einen Gott und Schöpfer gerecht zu werden. Mit dem Zunehmen der Welterkenntnis verändern sich zwar die Glaubensansichten, was jedoch die Tragfähigkeit des Glaubens in keiner Weise berührt, denn diese beruht, nach wie vor, auf der Glaubenserfahrung. Die unmittelbarste Glaubenserfahrung aber ist die mystische Erfahrung einer alles umfassenden geistigen, göttlichen, Wirklichkeit. Die Mystik erweist sich somit als die Zukunft aller Glaubensrichtungen.

Dieser Ansicht ist auch Ayya Kema, eine Europäerin, die sich zur buddhistischen Nonne weihen ließ und sich selbst, nach Jahren intensiver Meditation, als praktische Mystikerin betrachtet. Sie schreibt:

> Nachdem ich Meister Eckhart und Theresa von Avila gelesen habe, meine ich, daß sie in ihren mystischen Erfahrungen dieselbe Wahrheit erkannt haben, die ich als meditative Wirklichkeiten erfahren habe. Daher bin ich zu dem Schluß gekommen, das bewußt religiöse Menschen jeglicher Überzeugung letztlich zur selben Erkenntnis gelangen, auch wenn sie in die Worte eines bestimmten Bekenntnisses gekleidet ist. Ich glaube auch, daß man, um die Lehre der Begründer großer Religionen begreifen zu können, jene kontemplative, meditative Innerlichkeit besitzen muß, durch die man auf eine andere Bewußtseinsebene gelangt; und auch zu einer gewissen Reinigung des Seins – des Seins in dieser Welt. Ich glaube auch, daß sowohl Buddha als auch Jesus kontemplative *und* politische Menschen waren. Politisch in einem sehr nachdrücklichen Sinne, denn beide waren Reformer. Ich glaube, daß dies eine Kombination ist, die dem Mystiker offensteht und die den Mystiker mitten in den Strom des Alltagslebens hineinversetzt, wo der oder die Betreffende Hervorragendes leisten kann.[42]

„Das mystische Leben blühte bereits Tausende von Jahren, bevor sich die ersten Weltreligionen als soziale Organismen den Weg in die Geschichte bahnten, [...]. Die wahre Religion der Menschheit, so kann man sagen, ist die Spiritualität selbst, denn die mystische Spiritualität ist die Quelle aller Religionen der Welt,“[43] schreibt der katholische Laienbruder und Gelehrte Wayne Teasdale, zitiert von A. Newberg, Professor für Radiologie und Dozent für Religionswissenschaft an der Universität von Pennsylvania. Newberg erläutert:

> Teasdales Ansichten gründen sich auf seinen Glauben und seine persönlichen Erfahrungen als Mystiker, doch sein spiritueller Weg führte ihn zu einer Überzeugung, die auch die Neurologie erkennen läßt: Alle Religionen werden von transzendenten Erfahrungen gezeugt und getragen, daher führen sie alle, wenn auch auf unterschiedlichen Wegen, zum gleichen Ziel – zu einer Gesamtheit und Einheit, in der die spezifischen Ansprüche einzelner Glaubensrichtungen zu einem absoluten, unterschiedslosen Ganzen zusammenlaufen.[44]

Die Mystik führt also letztlich zum Zusammenfinden der Religionen und damit auch zu mehr Frieden in der Welt. Dieser Ansicht ist auch Prof. Newberg, wenn es bei ihm heißt:

> Wie die Autorin und Religionswissenschaftlerin Dr. Beatrice Bruteau im Vorwort zu [Teasdales] Buch *The Mystic Heart* darlegt, bietet die Mystik der Welt vielleicht die letzte, beste Hoffnung auf eine glücklichere Zukunft, indem sie uns die Möglichkeit eröffnet, die Gier, das Mißtrauen und die egoistischen Ängste zu überwinden, die zu jahrhundertelangem Zwist und Leid geführt haben. [...] Das Bewusstsein einer mystischen Ganzheit [des Einsseien mit allem] zeigt uns, dass wir einander gar nicht so grundlegend entfremdet sind. [Würdigen wir diese Erfahrung], so Bruteau, „wandeln sich unsere Motive, Gefühle und Handlungen von Rückzug, Mißtrauen, Ablehnung, Feindseligkeit und Dominanz zu Offenheit, Vertrauen, Einbeziehung, Fürsorge und Verbundenheit. Diese Einigkeit – diese Befreiung von Unsicherheit und Entfremdung – ist das sichere Fundament für eine bessere Welt.“[45]

Meditationsübungen sind also ein Schritt in die richtige Richtung. Sie sind, wie auch die sportlichen Aktivitäten, eine sinnvolle und sich lohnende Beschäftigung. Auch ohne dass sie zu spiritueller Meisterlichkeit führen, sind diese Stress abbauenden Übungen bestens dafür geeignet, uns zu seelischem Gleichgewicht und damit auch zu besserer Gesundheit und mehr Lebensfreude zu verhelfen. Der persönliche und gesellschaftliche Nutzen der Meditationsübungen rechtfertigt allemal die dafür aufgewendete Zeit. Es gibt also mehr als genug gute Gründe dafür, schon in den Grundschulen mit der Einführung in die Meditation zu beginnen. Dazu bietet sich der Unterricht im Fach Religion geradezu an, denn viele der Heiligen und Großen des Glaubens waren Mystiker. Ihre mystischen Erfahrungen, haben sie und ihr Leben geprägt und sie zu anerkannten und nachahmenswerten Vorbildern gemacht.

Wissen und Glauben

Die Religion ist, wie auch das Wissen, ein nicht zu vermissender Bezug zur Wirklichkeit der Welt, in der wir leben. Wissenschaftliche Einsichten und religiöse Erfahrung ergänzen sich bei der Wahrheitsfindung. Und da wir es uns auf Dauer nicht leisten können, mit halben Wahrheiten zu leben, werden wir nicht darum herumkommen geistig-religiöse Erfahrungen mit dem gleichen Aufwand zu suchen wie die wissenschaftliche Erkenntnis. Nur ein ausgewogenes Verhältnis zwischen angeeignetem Wissen und persönlicher spiritueller Erfahrung kann uns den Weg in die Zukunft ebnen und uns, diesseits wie jenseits, dem Sinn unseres Lebens zuführen. Selbst wenn wir auch die sich immer wieder manifestierenden negativen Aspekte gelebter Religiosität mit in Betracht ziehen, so trägt die Religion wie eh und je auch heute zum Gelingen des Lebens der Menschen bei und dadurch, evolutionsbiologisch betrachtet, zum Überleben unserer Art. Den großen religiösen Vorbildern folgend – auf dem Weg geistiger Entwicklung – das Gute, die Liebe erstrebend, wird unser Tun und Lassen uns und der Welt zum Segen.

Die weltweite Präsenz der Religion kennzeichnet sie als ein Wesensmerkmal des Menschen – unserer geistigen Natur. Dank ihrer an den Herausforderungen wachsenden Geisteskraft konnten die Menschen seit Urzeiten überleben, sich kulturell entwickeln und die ganze Erde bevölkern. Mit der sozial-kulturellen Entwicklung der Menschheit hat sich auch unser Begreifen und Verstehen, unser Geist mitentwickelt. Und heute, mit immer subtileren Techniken bis zu den Grundbausteinen der Materie vordringend, entdeckt der Mensch *den unmittelbaren Einfluss geistiger Tätigkeit, seines Denkens, auf die subatomaren Prozesse.* In der Teilchenphysik ist der Beobachter einer Messung mit einbezogen in den beobachteten Prozess. *Die experimentelle Wissenschaft bestätigt, dass die Geisteskraft unseres Denkens und feststellenden Bewusstseins im subatomaren Geschehen mitwirkt. In dieser Tiefe wo die Realität im Entstehen ist, wo sie sich ununterbrochen neu bildet, da ist sie beeinflussbar.*

„Hat man bis Heisenberg warten müssen, um zu sehen, dass die Beobachtung eines Phänomens das Phänomen ändert? Das mein Beten für dich dich ändert? Das mein Lieben für dich dich ändert? Ich brauche nicht bis zu einem bestimmten Zeitpunkt zu warten, um zu verstehen, dass die Beobachtung, das Denken, das Gebet dich Beeinflussen und dich ändern. Es war immer so", sagte der Religionsphilosoph Raimon Panikkar im Gespräch mit dem Quantenphysiker Hans-Peter Dürr. [46]

Die religiösen Glaubenshandlungen beruhen auf der in Jahrtausenden gesammelten Erfahrung im Umgang mit den Kräften des menschlichen Geistes, ihrer Lenkung und ihrer unmittelbaren Wirkung. Die Erfahrung hat gezeigt, dass die Reinheit vor Gott und den Menschen eine Voraussetzung dafür ist, dass die rituellen Glaubenshandlungen Heil und Segen bringen. *Das bedeutet, dass wir mit dem wachsenden Niveau unserer ethisch-moralischen Reife auch für den rechten Umgang mit unserer Geisteskraft reifen. Inwieweit sich diese in unserem Denken, Wollen und Handeln für uns und unsere Mitmenschen positiv auswirkt, das erweist sich als eine moralische Angelegenheit.* Es ist also kein Zufall, sondern der Ausdruck ihrer existenziellen Bedeutung, dass die Religion, die Menschen vor Gott stellend, schon immer für Moral gesorgt hat. Sie wird auch in Zukunft die Menschen an göttlichen Idealen messen und auch künftighin zum Wachsen ihrer moralischen Reife und damit zu ihrem Wohlergehen und ihrer Weiterentwicklung beitragen. Und das trotz der immer wieder zu beobachtenden, vom Gebot der Liebe abweichenden, religiösen Gewalt Anders-(Un)-gläubigen gegenüber.

Wie bisher dargestellt erweist sich die Religion als wissenschaftlich hinterfragbar und so könnte, entgegen, oder gerade wegen der aufgezeigten Bedeutung der Religion in der evolutionären Entwicklung des Menschen, die Befürchtung aufkommen, dass die Einsichten in das mythisch-magisch religiöse Denken und Handeln, die uns dem Wesen der Religion näher bringen, die Religion untergraben. Diese Befürchtung ist jedoch unbegründet, denn der heilige, in Gott ruhende Wesenskern des Religiösen bleibt unseren Einsichten entzogen. *Die Einsichten aber die wir gewinnen, sind Einsichten in unser eigenes Wesen* die es uns ermöglichen, uns selbst besser zu verstehen und somit auch das Wesen unserer religiösen Veranlagung. *Diese gründet im Geistigen, dem kollektiven Unbewussten,* und ist die Manifestation der Rückbindung an die darin niedergeschlagene Erfahrung unserer Art (siehe S. 38 unten). Die Einsichten in das Wesen der Religion führen also nicht zu ihrer Aushöhlung, sondern ganz im Gegenteil zu ihrer Bestätigung. *Zum Nachweis ihrer Gründung im Geistigen, dem Urgrund allen Daseins.* Auf der Basis dieses Wissens bewirkt heute die bewusste religiöse Hingabe, was auch die unbewusste religiöse Eingenommenheit bewirkt hat. Nämlich, dass wir Menschen Gott und damit auch unserem eigenen Wesen „gerecht“ werden – dass wir uns gegenseitig und der Welt, in der wir leben, gerecht werden können. Die Religion trägt also auch weiterhin, wenn auch in zunehmend mystischer Ausprägung, entscheidend dazu bei, dass sich die Spezies Mensch, als Teil und Glied des Weltganzen, in Bezug auf den Schöpfer und in Harmonie mit der Schöpfung entwickelt.

Auch die Märchen tragen, auf ihre Weise, zum Gelingen des Lebens bei. Nicht fordernd wie die Religion, sondern hinweisend auf Verhaltensweisen, die im Leben zum Erfolg führen, und auf solche die enttäuschen. Die Märchen veranschaulichen in bildhafter und berührender Form, dass die Lauterkeit der Absicht und die Läuterung von Trieb und Denken des Helden, mit dem wir uns identifizieren, die Grundbedingung ist, um in einer Sache der seine Bestrebungen gelten, zu einem guten und glücklichen Ende zu gelangen. Auch im Märchenschatz der Menschheit tritt wie auch in der Religion das kollektive Unbewusste zutage. Die Märchen zeichnen den Weg der Selbstverwirklichung vor. Sie zeigen, wie uns die Triebe binden können und wie sich, nach und nach, mit der Befreiung von allem Triebhaften der Weg in die Freiheit und zum Glück öffnet.

Die individuelle Selbstverwirklichung erweist sich nicht nur als ein Humanitätsideal und Grundlage einer zukunftsfähigen menschlichen Gesellschaft, sondern gleichzeitig auch als das natürliche Ziel der menschlichen Entwicklung – als das Ziel, dem uns die Evolution zuträgt und dem wir uns, von den Lebensumständen herausgefordert, langsam nähern. Auf dem Boden der menschlichen Gesellschaft und Kultur gedeihend und herausgefordert vor der Weltwirklichkeit zu bestehen, entwickelt und verwirklicht sich das Individuum *zum Ebenbild der Wirklichkeit und Weltnatur* – und da diese göttlichen Ursprungs ist, auch zum Ebenbild Gottes.

Abschließend lassen wir noch die heilige Hildegard von Bingen und den französischen Ordensmann und Paläontologen Pierre Teilhard de Chardin kurz zu Wort kommen. Und nicht zuletzt noch ein Paar Worte zu einer altindischen Lehre, zu dem Glauben an:

Karma und die Reinkarnation

Nach der Lehre von der Reinkarnation wird der Mensch so oft wiedergeboren bis er sich zu geistiger Reife entwickelt hat. Der Glaube an die Reinkarnation ist verbunden mit der Lehre vom Karma. Danach ist jeder Mensch für sein Schicksal selbst zuständig, da er im nächsten Leben und in zukünftigen erntet, was er im gegenwärtigen sät.

Unser Tun und Wollen wirkt als Karma auf uns zurück wie auch alles, was wir in einem früheren Leben verdient, oder ererbt, haben. Entsprechend ist alles, was uns zustößt, Freud oder Leid, nicht auf den Zufall, sondern auf unser Karma zurückzuführen. Es liegt also bei uns selbst, unser Karma aufzuarbeiten, einen moralischen Lebenswandel zu führen und als Yogi, durch die Erlangung geistiger Reife, dem Rad der Wiedergeburt zu entkommen um in der Verschmelzung mit dem All-Einen aufzugehen.

In der Einführung in „Spiritual Practices of India" von F. Spiegelberg schreibt Alan Watt, ein Kenner der Philosophien Indiens:

> [...] Yoga [ist] eine Lebensweise, die ebenso ernsthaft ist wie Gebet und Gottesdienst bei den Christen. Ihr einziges Ziel besteht darin, Kenntnis und Vereinigung mit der Letztwirklichkeit des Universums, mit dem Höchsten Selbst, zu erlangen. [...] Das ganze Wesen des *Yoga*, wie das jeden echten geistigen Weges, besteht darin, das Ewige im Gegenwärtigen zu entdecken, indem jeder Augenblick in vollkommenem Ernst und vollkommener Bewußheit gelebt wird. Jeder Schritt des Weges muß so gegangen werden, als sei er der *einzige*, voller Hingabe und Entzücken, das Ziel mit einem Satz zu erreichen. So ist sicherlich auch der Ausspruch Jesu zu deuten, wenn er sagt: „Worum ihr im Gebet bittet, vertrauet darauf, daß ihr es empfanget, und ihr werdet es empfangen." Denn das himmlische Reich ist nicht weit weg; es ist „nahe bei" und „in euch."[47]

Die Buchautorin und Oscar-Preisträgerin Anne Bancroft erläutert:

> Die Lehren des Raja-Yoga gehören zu den tiefsten der indischen Religion. Der Yogi glaubt, daß die äußere Welt eine grobe Form der feinstofflichen oder inneren Welt des Geistes ist. Das Äußere ist die Wirkung, das innere die Ursache. Indem der Yogi also lernt, mit inneren Kräften umzugehen, kann er seine Fähigkeiten in bemerkenswerter Weise zum Ausdruck bringen; er erlangt Kontrolle über die manifeste Welt und gelangt über den Punkt hin-

aus, an dem die Naturgesetze Einfluß auf ihn haben. Der Westen hat lange das Gegenteil geglaubt, daß nämlich durch die Beherrschung der äußeren Kräfte die Welt geordnet und in die richtigen Bahnen gelenkt wird. Der Yogi dagegen sagt, daß der Sinn der Welt in seinem eigenen Geist liegt, und dieser muß zuerst entdeckt werden.[48]

Dafür aber ist viel Übung in Meditation und Selbstüberwindung erforderlich. Auch Buddha hat lange meditiert, bis er zur Erleuchtung kam. Er hat erkannt, dass das Leiden nur auf geistigem Weg überwunden werden kann. Der wachsende Leidensdruck und weniger die Einsicht wird letztlich die Menschen dazu motivieren diesen Weg, den Weg geistiger Entwicklung, zu beschreiten.

Buddhas Lehre „erhebt sich auf dem allgemein anerkannten Fundament indischer Metaphysik, der Voraussetzung einer universellen und moralischen Weltordnung (dharma), der gesetzmäßig wirkenden Tat (karma), der Kontinuität und Wechselwirkung aller Lebensformen im Kreislauf der Wandelwelt (samsara) und die Befreiung aus diesem Kreislauf durch Erkenntnis (prajñā) und Ganzwerdung, in der alle ichhafte Begrenzung aufgehoben ist."[49] „Die anschauliche Darstellung der Universalität des Menschen und seiner Fähigkeit zur Selbstverwirklichung im höchsten Erlebnis der ERLEUCHTUNG auf dem direkten Wege der Meditation, [...], das war es, was Buddha der Welt gab und was zum Herzstück des Buddhismus wurde, [...]."[50] Erleuchtung ist das, alles verstandesmäßig einseh- und erkennbare überschreitende, bewusste erleben der absolut unterschiedslosen Einheit mit dem Ganzen. Ich und das Ganze sind eins – das Dasein. Dieses Erleben eröffnet ein ganz neue Lebensperspektive.

Die aufsteigende Bewegung der Evolution

Die Thematik von Mensch, Welt und Religion kann nicht geschlossen werden, ohne auf die Einsichten des französischen Ordensmannes, Theologen, Philosophen und

Paläontologen Pierre Teilhard de Chardin einzugehen, der sich seinerzeit – von seinen Wissenschaftlerkollegen und der Kirche unverstanden – darum bemühte, auf die hier bestehenden Zusammenhänge und die sich daraus für die Menschen ergebenden Konsequenzen hinzuweisen.

Als Paläontologe hat Teilhard de Chardin an der zunehmenden Komplexität der Lebewesen im Verlauf der Evolution, eine auf Vergeistigung hinauslaufende Entwicklung erkannt und, als Ordensmann und Theologe, im Ziel dieser Entwicklung den gemeinsamen Nenner von Welt, Mensch und christlichem Glauben. Die Schlussfolgerung, zu der dieser Wissenschaftler gelangte, lautet: „Die einzige Aufgabe der Welt ist die physische Eingliederung der Gläubigen in Christus, der Gott ist. Dieses Hauptwerk aber vollzieht sich *mit der Strenge und der Harmonie einer natürlichen Evolution.*[51] Die Evolution führt den Menschen zur vollkommenen Verwirklichung, denn: „Was der Mensch ist, beziehungsweise letzten Endes sein soll, ist in der Offenbarung Gottes als Mensch offenbar geworden.“[52]

Von der fortschreitenden Evolution auf dieses Ziel hingeführt, sind wir „[...] in der Lenkung unseres Lebens ebensowenig frei, blind unseren Neigungen zu folgen, wie ein Schiffskapitän sich seinen Launen überlassen könnte, um den Weg zum Hafen festzulegen.“[53] So wie ein Schiffskapitän an Hand einer Weltkarte seine Fahrtroute festlegt, so richten wir alle, bewusst oder unbewusst, unseren Lebensalltag und unsere Zielsetzungen an der in unserem gesellschaftlichen Umfeld vorherrschenden Weltanschauung aus. Entsprechend ist die Voraussetzung für die Einmütigkeit in der Welt, nach de Chardin, in einem universell anerkannten wissenschaftlichen Weltbild und einem universell als erstrebenswert anerkannten Ziel zu suchen.

Was die Grundlage der für die Höherentwicklung der Menschheit erforderlichen guten zwischenmenschlichen Beziehungen betrifft, heißt es bei de Chardin: „Eines Tages wird man sich entschließen müßen, in ihr [in der Liebe] die Grundenergie des Lebens zu erkennen oder, wenn man so lieber will, das einzige natürliche Milieu, in dem die aufsteigende Bewegung der Evolution sich fortsetzen kann. Ohne Liebe steht wirklich das Gespenst der Gleichschaltung und der Versklavung vor uns: das Schicksal der Termiten und Ameisen.“[54]

„>Liebet einander, indem ihr in der Tiefe eines jeden von euch das Werden desselben Gottes erkennt.< Dieses vor zweitausend Jahren zum ersten mal gesprochene Wort strebt dahin, sich heute als das wesentliche Strukturgesetz dessen zu erweisen, was wir Fortschritt und Evolution nennen“,[55] betont de Chardin.

Mit der Schöpfung auf dem Wege

Hildegard von Bingen, die Prophetin des Mittelalters und Äbtissin der Benediktinerinnen vom Rupertsberg, war eine selbst von Kaiser und Papst anerkannte Persönlichkeit, die uns durch ihr Werk und ihre Heilkunst noch heute beeindruckt. In den Visionen Hildegards trägt die Entwicklung des Weltganzen auch den Menschen einem Ziel zu. Der Mensch ist hier nicht in ein zufälliges Geschehen eingebunden und darum auch kein Zufallsprodukt, sondern Teil und Mitbeteiligter eines zielstrebigen Werdens. Einer der besten Kenner der Hildegardliteratur, der Heidelberger Medizinhistoriker Heinrich Schipperges, schreibt:

> In Hildegards Schriften tritt uns das geschlossene Gefüge einer Welt leibhaftig vor Augen – auch einer Welt aus den Fugen – und wie es sich wieder fügt zum Heile des Menschen. Daß alles zusammenhängt – Welt und Mensch, Leib und Geist, Natur und Gnade –, daß jedes mit jedem am Werke ist, das ist bei Hildegard keine blasse Floskel, sondern eine bis ins Detail realisierbare Zusammenschau. [...] es [ist] in keiner Weise die Frage nach einem gültigen Weltsystem, mit der uns Hildegards Kosmoslehre konfrontiert; es ist eher die Frage nach der Erfahrbarkeit der Schöpfungsordnung und damit auch die Frage nach der Lesbarkeit der Welt. Der Mensch dient hier ebenso als

Antwort auf die Rätsel der Welt, wie die Welt auch Antwort ist auf die ewige Frage Mensch.[56]

Der Aufbau dieser Welt – die Natur um uns und in uns – greift nun auf geheimnisvolle Weise in den Ablauf dieser Welt ein, in unsere Geschichte. Beide Bereiche erlebt der Mensch, das „opus Dei", in der realen Welt als eigene Wirklichkeit, als ein Miteinander (opus alterum per alterum), und für beide Bereiche ist er durch sein Wirken an der Welt (opus cum creatura) verantwortlich. Als das vernunftbegabte Wesen (homo rationalis) [...] als das allem verantwortliche Lebewesen (homo responsurus) trägt er die volle Verantwortung für alle Wege der Schöpfung. Sein Autonomiebestreben hat den Frieden der Natur gestört; er ist der „Mensch im Aufstand" (homo rebellis) geworden, der nunmehr seinen inneren Widerspruch durch die ganze Geschichte zu tragen hat. Krankheit ist nur das signifikante Merkmal.

[...] in diesem so dynamischen Weltbild Hildegards [ist alles] auf dem Wege: die Natur, die Zeiten, der Mensch, der sich unter Weges verantwortlich entscheidet, auf dem Wege im rollenden Rad der Zeiten zu einem festen Ziel, dem kosmischen Christus. Aus der Keimkraft des werdenden Kosmos (KVM 1, 32: prosperitas egrediendi) wächst alles zu vollendeter Reifung (ad profectum viret), reifend zu endgültiger Vollendung (LVM III, 28: ad completionem perfectionis), in eine unendlich verklärte Verwandlung (transmutatio indeficiens).[57]

Diese Beschreibung der Weltnatur, als eines zielstrebigen Werdens in dem auch auch der Mensch mit inbegriffenen ist, und die Verantwortung des Menschen auch für die Natur, deckt sich weitgehend mit unseren heutigen Einsichten. Der heiligen Hildegard von Bingen war es vergönnt die tiefgründige Wirklichkeit der Welt zu durchschauen. Der Mensch (als Kosmos in Miniatur) dient ihr als Antwort auf die Rätsel der Welt, andersherum wird die Welt zur Antwort auf die Frage Mensch. Sie hat auch die Frage nach unserem Woher, – aus der Keimkraft des werdenden Kosmos – beantwortet, und auch die Frage nach unserem Wohin – zu vollendeter Reifung, zu endgültiger, göttlicher Vollendung und – mit seiner Verantwortung für sich und sein Wirken in der Welt, der Verantwortung für alle Wege (der Weiterentwicklung) der Schöpfung – hat sie auch die Frage nach unserer Aufgabe in der Welt, die Frage nach dem Sinn unseres Daseins beantwortet.

Ihr umfassendes Werk vermittelt uns nicht nur ihre Einsichten, sondern auch die Folgen die sich daraus für alle Bereiche des täglichen Lebens ergeben. Der heiligen Hildegard wurde klar, dass der in das Schöpfungsganze eingebundene Mensch durch sein „Autonomiebestreben", sein Auf-sich-selbst-gerichtet-sein, in Widerspruch zu sich selbst und der Schöpfungsordnung geraten ist und an diesem Widerspruch krankt. Entsprechend dieser Einsicht, ist auch die Absicht der heiligen Hildegard zu verstehen, dem Menschen nicht nur zu helfen an Leib und Seele zu gesunden, sondern ihn auch darauf hinzuweisen, dass er auf dem Wege zu „einem festen Ziel" ist. Dass er für sein Wohlergehen von diesem Weg nicht abkommen darf und dabei als vernunftbegabtes Wesen nicht nur für sich, sondern auch für die Bewahrung der Schöpfung und alle Wege ihrerer Weiterentwicklung verantwortlich ist. „An Statur [...] zwar klein, an Kraft seiner Seele jedoch gewaltig [...] vermag er sowohl die oberen als auch die unteren Dinge in Bewegung zu versetzen."[58]

Um der Verantwortung, in der sie stehen, gerecht zu werden, empfiehlt die heilige Hildegard den Menschen einen „tagtäglich zu zivilisierenden Lebensstil" (H. Schipperges) zu praktizieren, sich rundum zu bilden und sich in bitterer Reue von allem Schlechten zu reinigen. Sie empfiehlt ihnen also, an sich selbst zu arbeiten, sich selbst weiter zu entwickeln, um langsam auch dem kosmischen Ziel, „der Ebenbildlichkeit,"[59] näher zu kommen.

Der katholische Priester und Verhaltensbiologe Rainer Hagencord schreibt: „Heute wissen wir, dass Schimpansen sich tatsächlich im Spiegel erkennen und sich in andere hineinversetzen können. Der Sprung zum Homo sapiens ist nicht mehr weit. Es kann sein, dass uns Menschen letztlich nur die Transzendenzfähigkeit vom Tier unterscheidet: der Mensch als Gott-Sucher"[60] [...]. Als Gottsuchender ist der Mensch auch auf dem Weg der Selbstverwirklichung, der ihn langsam den göttlichen Idealen näher bringt. Er befindet sich also in seiner evolutionären Entwicklung auf dem Weg zur Göttlichkeit, auf dem Weg zum kosmischen Christus der heiligen Hildegard.

Die heilige Hildegard hilft uns, und das ist ihre Botschaft für unsere Zeit, *die Welt und was wir von ihr sehen und erkennen als ein zusammenhängendes Ganzes zu verstehen, und im Sinngefüge dieses Ganzen auch uns selbst.* Sie hilft uns, *uns selbst als die „deren Wirken das All durchdringt"*[61] *zu verstehen, und als die, die wir auf Grund unserer körperlich-geistigen Beschaffenheit, das Zeugnis sind für die Beschaffenheit der Natur dieser Welt, ihr Ebenbild.*

Hildegard von Bingen ist uns als Heilige und wegen ihrer Heilkunst bekannt, aber auch ihre Kompositionen und Musikstücke sind erwähnenswert. Sie erklangen zum Gotteslob und zur geistigen Erbauung. Die heilige Hildegard wusste: alles, die ganze Schöpfung, schwingt und klingt in einem Konzert harmonischen Zusammenklangs. Sie wusste: die Musik berührt die Seele und erfreut das Herz, sie bringt uns zum mitschwingen und in Harmonie mit der Schöpfung. Ein Lied, eine Melodie, auf den Lippen oder im Ohr kann beruhigen oder beschwingen, den Tag angenehmer und das Leben schöner machen. Musik, ein liebes Wort, ein Lächeln, ein Blümchen, kann unsere Herzen erfreuen. Die Lebensfreude aber, ist das Lebenselixier.

Und wir haben allen Grund zur Freude, denn wir sind in dieser Welt nicht blindem Zufall anheim gestellt, sondern befinden uns, bei Wohl und Wehe, geborgen in der Obhut einer ordnenden Schöpfungsmacht. Aber wir dürfen uns auch der Freiheit erfreuen, für uns selbst und unsere Umwelt Verantwortung zu übernehmen, uns entfalten und verwirklichen zu können und mit uns auch unser sozial-kulturelles Umfeld. Diese Freiheit auszuschöpfen ist unsere große Chance, hierbei erweisen sich, neben Vernunft und Wissen, auch Religion und Glaube als Bürgen des Gelingens.

Anmerkungen

[1] Albert Stüttgen, Ende des Humanismus – Anfang der Religion? Mainz: Matthias Grünewald Verlag 1979, S. 148

[2] Metzler- Philosophen-Lexikon, Stuttgart, Weimar 1995, S. 368-369

[3] Alfred Adler, Der Sinn des Lebens, Fischer Taschenbuchverlag, Frankfurt a. M. 1987, S. 8

[4] S. 162

[5] S. 168-169

[6] Albert Schweitzer, Die Lehre der Ehrfurcht vor dem Leben, Union Verlag, Berlin, 1962, S. 30

[7] Goldmann Lexikon, Taschenbuchausgabe, München 1998 Band 19, S. 8729

[8.] >Leo Hartmann, bis über die letzte Schwelle< Berichte über zwei Traumreisen in Philosophische Gefilde. S. 63, Radius Verlag Stuttgart 1992

[9] Dürr Hans-Peter, Panikkar Raimon, Liebe – Urquelle des Kosmos. Ein Gespräch über Naturwissenschaft und Religion. Herder Verlag 2008, S. 142

[10] Humberto R. Maturana, Francisco J. Varela, Der Baum der Erkenntnis. Die biologischen Wurzeln des menschlichen Erkennens, Scherz Verlag, Bern, München, 1987 S. 266-267

[11] Lama Angarika Govinda, Schöpferische Meditation und multidimensionales Bewusstsein, Aurum Verlag Freiburg im Breisgau, 1977, S. 126,127

[12] Frederic Spiegelberg, Die lebenden Weltreligionen, Suhrkamp, 1997 (Auszug aus dem Klappentext)

[13] Peter Seewald, „Joseph Ratzinger – Benedikt XVI. Gott und die Welt“. Knaur 2005, S. 11

[14] Benedikt XVI, Glaube, Vernunft und Universität, Verlautbarungen des Apostolischen Stuhls, Nr. 174, S. 82-84

[15] Werner Suppanz, Säkularisierung als Modernisierung, in: newsletter Moderne. Zeitschrift des SFB Moderne, Sonderheft 1: Moderne - Modernisierung - Globalisierung (März 2001), 16-21. [ZG].

[16] Friedrich Heiler, Erscheinungsformen und Wesen der Religion, Kohlhammer, Stuttgart 1961, S. 1
[17] G. van der Leeuw, Phänomenologie der Religion, Tübingen, Verl. J.C.B. Mahr 1933, S. 791, 792
[18] Martin Riesebrodt, Die Rückkehr der Religionen, Verlag. C. H. Beck oHG, 2001, S. 45
[19] S. 48
[20] Emile Durkheim, Die elementaren Formen des religiösen Lebens, Frankfurt/Main 1994
[21] Aniela Jaffe, C. G. Jung Bild und Wort, eine Biographie, Walter-Verlag, Olten, Freiburg, Sonderausgabe 1983, S. 56
[22] Albert Stüttgen, Ende des Humanismus. Anfang der Religion? Mathias Grünewald Verl., Mainz, 1979, S. 54, 180
[23] S. 178
[24] Frederic Spiegelberg, Die lebenden Weltreligionen, Suhrkamp, 1997, S. 134
[25] Ernesto Grassi, Kunst und Mythos, Rowohlt Taschenbuch, Hamburg, 1957, S. 106 u. S. 95
[26] Paul F. Knitter „Ein Gott – viele Religionen“, Kösel, Darmstadt, 1988, S. 108-109
[27] Frederic Spiegelberg, Die lebenden Weltreligionen, Suhrkamp, 1997, S. 589
[28] S. 591
[29] Karl Löhwith; Weltgeschichte und Heilsgeschehen. Kolhammer, Stuttgart, 1973, S. 26
[30] Dürr Hans-Peter, Panikkar Raimon, Liebe – Urquelle des Kosmos. Ein Gespräch über Naturwissenschaft und Religion. Herder Verlag 2008, S. 156
[31] S. 154
[32] Wolfgang Riewe im Gespräch mit Dr. Jörg Zink, in „Der Weg“, Sonntagsblatt der Rh. Kirche, vom 16.08 1998 S. 10
[33.] Goldmann Lucien, Der verborgene Gott. Soziologische Texte Band 87, Leuchterhand Verlag Darmstadt 1972, S. 101
[34] Krauskopf, Alfred, A: Die Religion und die Gemeinschaftsmächte, B.C. Teubner, Leipzig, 1935, S. 1+2
[35] S. 22
[36] S. 22
[37] Wolfgang Riewe im Gespräch mit Dr. Jörg Zink, in „Der Weg“, Sonntagsblatt der Rh. Kirche, vom 16.08 1998, S.10

[38] Anne Bancroft, Wo Weisheit wächst. Frauen öffnen sich dem Göttlichen. Walter-Verlag, Olten, 1992, S. 94
[39] S. 98
[40] Andrew Newberg, Eugene d'Aquili, Vince Rause, Der gedachte Gott. Wie Glaube im Gehirn entsteht. Piper Verlag München, 2003, S. 218
[41] Albert Stüttgen, Ende des Humanismus. Anfang der Religion? Mathias Grünewald Verl., Mainz, 1979, S. 140-141
[42] Anne Bancroft, Wo Weisheit wächst. Frauen öffnen sich dem Göttlichen. Walter-Verlag, Olten, 1992, S. 130
[43] Andrew Newberg, Eugene d'Aquili, Vince Rause, Der gedachte Gott. Wie Glaube im Gehirn entsteht. Piper Verlag München, 2003, S. 226, 227
[44] S. 227
[45] S. 227, 228
[46] Dürr Hans-Peter, Panikkar Raimon, Liebe – Urquelle des Kosmos. Ein Gespräch über Naturwissenschaft und Religion. Herder Verlag 2008, S. 84
[47] Frederic Spiegelberg, Die lebenden Weltreligionen, Suhrkamp, 1997, S. 202
[48] Anne Bancroft, Wo Weisheit wächst. Frauen öffnen sich dem Göttlichen, Walter-Verlag, Olten, 1992, S. 138
[49] Lama Angarika Govinda, Schöpferische Meditation und multidimensionales Bewusstsein, Aurum Verlag Freiburg im Breisgau, 1977, S. 237
[50] S. 70
[51] Pierre Teilhard de Chardin, Die Zukunft des Menschen, Walter Verlag, Freiburg, 1963, S. 399
[52] Frederic Spiegelberg, Die lebenden Weltreligionen, Suhrkamp, 1997, S. 591
[53] Pierre Teilhard de Chardin, Die Zukunft des Menschen, Walter Verlag, Freiburg, 1963, S. 70
[54] S. 78
[55] S. 104
[56] Heinrich Schipperges: Hildegard von Bingen, München: Beck, 1995, S. 7 u.9
[57] S. 91 u. 92-93
[58] Otto Betz, Hildegard von Bingen, Kösel, Darmstadt, 1996, S. 81

[59] S. 121
[60] Rainer Hagencord, Publik Forum Nr. 24, 2013, S. 29
[61] Otto Betz, Hildegard von Bingen, Kösel, Darmstadt, 1996, S. 81

Bibelzitate aus: Die Bibel, Würtenbergische Bibelanstalt Stuttgart und
Neues Testament und Psalmen, nach der Übersetzung Dr. Martin. Luthers, National Verlag Kompanie 1967